यह कृति मेरे पूजनीय

श्री बी.एम. चोयल - ज्येष्ठ पिताश्री

श्री आर.डी. शर्मा - पिताश्री

श्री एस.जी. शर्मा - भ्राताश्री

को समर्पित है

हां, तुम एक विजेता हो!

आदि से अंत तक तुम्हें जानना होगा
कि विजयी कैसे होते हैं।

मैं, क़द्र करूंगा उस कला की,
जिससे तुम भविष्य को वर्तमान बना दोगे
अपनी महत्त्वाकांक्षा के अनुरूप तुम्हें
हर अग्नि—पथ को साधना होगा।

एक आवाज, जो आसमान से आ रही है,
मैं तुम्हें भी सुनाना चाहूंगा,
विजयी हो, विजयी हो, सफल हो, सफल हो .....!
मैं ईश्वर से प्रार्थना करूंगा,

तुम आगे बढ़ो और जानो सफलता, प्यार, शांति को,
ईश्वर जीवन के हर अनुभव में तुम्हारे साथ रहे,
तुम्हें शक्ति दे हर तूफान का मुंह मोड़ने की।
एक बार फिर कहूंगा,

हां, तुम एक विजेता हो!

—आर.एस. चोयल

एक आदमी सुखी क्यों है, जबकि दूसरा दुखी? क्यों एक आदमी खुशहाल व संपन्न है, जबकि दूसरा गरीब? क्यों एक आदमी डरपोक व चिंतित है, जबकि दूसरा निडर व आत्मविश्वासी है? क्यों एक आदमी के पास आलीशान बंगला है, जबकि दूसरा झोंपड़ी में रहता है? क्यों एक आदमी हर कार्य में सफल हो जाता है, जबकि दूसरा असफल रहता है? क्यों एक आदमी सबको प्यारा होता है, जबकि दूसरा नापसंद किया जाता है? क्यों होता है ऐसा कि एक आदमी जीवन की हर परीक्षा में उत्तीर्ण हो जाता है, जबकि दूसरा अनुत्तीर्ण रहता है? क्यों कुछ लोग दयालु, धार्मिक व स्वस्थ होते हैं, जबकि कुछ दुश्चरित्र, अधार्मिक व अस्वस्थ? क्यों एक ही घर में पलने वाले दो भाइयों का स्वभाव अलग–अलग होता है? इन सभी सवालों का जवाब इस बात पर निर्भर करता है कि हम अपने चेतन व अवचेतन मस्तिष्क को किस प्रकार इस्तेमाल करते हैं। कल, आज और आने वाला कल ये तीनों काल हमारे अवचेतन मस्तिष्क द्वारा निर्धारित व नियंत्रित किए जाते हैं।

इसी तरह के अन्य सवाल जब भी हमारे मन में उत्पन्न होते हैं और जब हमारा मन इनका जवाब तलाश करना चाहता है, तो अकसर पाते हैं कि हम सफलता को भाग्य, परिस्थिति एवं क्षमता आदि से जोड़कर देखते हैं और स्वयं को हीन व सफल व्यक्तियों को भाग्य की देन कहकर अपने को संतुष्ट करने का प्रयास करते हैं। उपरोक्त सभी उपमाओं में निम्न व्यक्तियों से उच्च व्यक्तियों (गरीब–अमीर, साधारण व्यक्तित्त्व–आकर्षक व्यक्तित्त्व) की तुलना जब हम करते हैं, तो इनके तुलनात्मक गुणों को भूलकर केवल परिस्थितियों का विश्लेषण ही करते हैं, जबकि उच्च स्तर को प्राप्त व्यक्तियों के गुण ही उन्हें उच्च बनाते हैं और आश्चर्य की बात यह है कि जब उनके एक–एक गुण का विश्लेषण करते हैं, तो वे सभी गुण हमारे अंदर मौजूद पाते हैं, परंतु ये गुण विद्यमान होने के बावजूद सुप्त अवस्था में हैं। अगर उन गुणों को हम सक्रिय कर लें, तो हम भी सफलता के शिखर को छू सकते हैं।

प्रत्येक मनुष्य प्रकृति का महत्त्वपूर्ण अंग है। उसमें गुणों व अवगुणों की अथाह संभावनाएं हैं। अगर हम विजेता हैं, तो उसके जिम्मेदार भी हम स्वयं हैं। अगर विफल हैं, तो उसका उत्तरदायित्व भी हमारा ही है। जब विजेता बनने के प्रत्येक गुण स्वयं में विद्यमान हैं, तो यह बात मन में दोहराने में कोई हर्ज नहीं है कि 'मैं एक विजेता हूं!' यही संदेश देने के लिए कि 'हां, तुम एक विजेता हो!' पुस्तक लिखी गई है। इस पुस्तक में हम पाएंगे कि सफलता व असफलता को नियंत्रित करने वाले जटिल सिद्धांतों एवं हमारे मस्तिष्क की असीम ताकत व अथाह संभावनाओं को रोजमर्रा की भाषा–शैली में बहुत अच्छी तरह समझाया गया है।

यह पुस्तक हमसे चाहती है कि इसका अध्ययन कर इसमें बताई गई रीतियों को आत्मसात करें। मुझे पूर्ण विश्वास है कि अगर ऐसा करेंगे, तो स्वयं में एक चमत्कारिक शक्ति की मौजूदगी का अहसास करेंगे। यह शक्ति हमें संदेहों से, गरीबी से, असफलता से, अस्वस्थता से उठाकर सफलता, स्वस्थता व समृद्धि की ओर ले जाएगी। मुश्किलें आसान कर हमारी शारीरिक व मानसिक सीमाओं को आसानियों की ओर ले जाएगी।

यह साबित करेगी कि एक ऐसी शक्ति हम सभी में विद्यमान है, जिसे जागृत करने पर हम सब अपनी सभी समस्याओं का निराकरण कर सकते हैं। केवल इंतजार है, तो उस कला को जागृत करने का। जैसे ही यह कला जागृत होगी, हम अपने सपनों, जैसे संपन्नता, प्रसिद्धि व सफलता को प्राप्त कर सकेंगे, तो क्यों हम व्यर्थ की चिंताओं में अपना समय बर्बाद करें? आओ, इस अंतःकला को आत्मसात करें!

अंत में इस पुस्तक की रचना में जिन विचारकों को मैंने उद्धृत किया है, उनके प्रति आभार व्यक्त करते हुए मैं इस कृति के सृजन की प्रेरणा देने वाले बड़े भाई श्री गोपाल शर्मा तथा धर्मपत्नी, जिन्होंने मेरा उत्साह बढ़ाया के साथ–साथ श्री सीताराम शर्मा, नीरज आर्य, कान्ति प्रसाद गर्ग, कमलेश तायल एवं आलोक मिश्रा, जिन्होंने संपादन, लेखन व इसे अधिक उपयोगी बनाने में मेरी सहायता की और उन सभी का भी मैं आभार व्यक्त करता हूं जिन्होंने इस रचना को मूर्त रूप देने में जाने–अनजाने मुझे सहयोग दिया।

अजमेर (राजस्थान)   –आर.एस. चोयल

हां, हम अपना लक्ष्य प्राप्त कर सकते हैं। चाहे हमारी आर्थिक या अन्य परिस्थितियां कैसी भी हों। हमारे जीवन का लक्ष्य ऊंचा है और हमारी शुरुआत बहुत छोटी है तो यह ज्यादा अच्छा है। क्योंकि कुछ लोग जो परेशानियों से या विषम परिस्थितियों से लड़कर आगे बढ़ते हैं, सफलता उन्हें अवश्य मिलती है। मनोवैज्ञानिक इसे 'ओवर कंपनसेशन' कहते हैं, जिसका साधारणतया मतलब होता है, ज्यादा प्रयास या कठिन प्रयास, ज्यादा से ज्यादा प्रयास परिस्थितियों से लड़ने के लिए। दुनिया में जितने भी सफल व्यक्ति हुए हैं, उन्होंने अपनी सफलता की कहानी को अगर सबसे कम शब्दों में कहा है, तो वह शब्द है, कठोर प्रयास (ट्राय हार्डर)। जितनी अधिक परेशानी होगी, उतना अधिक या उतना कठोर हमारा प्रयास होगा। और जितना अधिक हमारा प्रयास होगा, उतनी ही अधिक सफलता हमें मिलेगी। हमारी सफलता की गति बढ़ती चली जाएगी, हमारे किए गए प्रयासों के अनुपात में। हमें हमारे जीवन का लक्ष्य बड़ी तेजी के साथ नजदीक आता नजर आएगा और जैसे–जैसे जीवन लक्ष्य नजदीक आएगा, हम और अधिक अपने जीवन लक्ष्य के प्रति प्रेरित हो, इस बात के लिए प्रयासरत हो जाते हैं कि हम कठोर

प्रयास करें। यह चक्र उन लोगों के जीवन में ज्यादा काम करता है, जो परिस्थितिवश मुसीबतों में फंसे रहते हैं या फंस जाते हैं, लेकिन वे हिम्मत नहीं हारते और संघर्ष करते रहते हैं, अगर वे प्रयास नहीं करते तो असफल हो जाते। यदि एक बार हम 'कठिन प्रयास' या 'ज्यादा प्रयास' के प्रति आकर्षित हो जाते हैं, तो हमारा जीवन सफलता की तरफ बढ़ने लगता है। अधिकांशतः लोगों को शुरुआत में प्रेरणा (मोटिवेशन) की सख्त आवश्यकता होती है, इसलिए हमें प्रेरणा (मोटिवेशन) के लिए अध्ययन करना चाहिए या सफलता के गुर सीखने चाहिए। इसी क्रम में अगर हम सेल्फ मोटिवेशन व आत्म–विकास पर ध्यान देते हैं, तो सबसे पहले जिस तत्व की जरूरत हमें पडती है, वह है हमारी इच्छा। इच्छा–शक्ति पर यह निर्भर करता है कि हम क्या सीखेंगे या हम क्या कर पाएंगे? और यही इच्छा–शक्ति हमारे अंदर एक ऊर्जा पैदा करती है, आगे बढ़ने के लिए एक शक्ति देती है।

हम अपना लक्ष्य प्राप्त करने के लिए ही पैदा हुए हैं, क्योंकि प्रकृति के नियमों में व्याप्त है सफलता। प्रकृति में जो भी घटना घटित होती है, वह सफलता के कारण होती है, जैसे पेड़–पौधे जमीन की नमी व पानी सोखकर अपने विकास में सफल होते हैं। अगर यहां सफलता नहीं होती, तो प्रकृति वनस्पति विहीन होती, जानवर हवा, पानी, भोजन व परिवार को जुटाने में सफल होते हैं, क्योंकि यहां फिर प्रकृति की सफलता का नियम लागू होता है। मनुष्य को पेड़–पौधों व जानवरों से अधिक योग्य व बुद्धिमान इसलिए बनाया गया है कि वह प्रकृति के सफलता के नियम को ज्यादा प्रयोग में लाकर हवा, पानी, भोजन की प्राथमिक आवश्यकताओं के अलावा 'जो कुछ चाहे' प्राप्त कर सके। हालांकि कुछ लोग इसमें असफल हो जाते हैं, इसलिए नहीं कि प्रकृति उन्हें रोकती है, बल्कि इसलिए कि वे अपने आपको प्रकृति के नियमों के विरुद्ध खड़ा कर लेते हैं। लोग

इसलिए असफल होते हैं कि उन्होंने प्रकृति के सफलता के नियम को अपने जीवन में नहीं उतारा है, लेकिन हम प्रकृति के सफलता के नियम को अपनाना चाहते हैं। इस बात का प्रमाण है कि हम यह पुस्तक पढ़ रहे हैं, क्योंकि हम अपने जीवन लक्ष्य को प्राप्त करना चाहते हैं।

हमारे जीवन के लक्ष्य खुशियां, प्यार, संपदा, ताकत या जो भी हम चाहें, को प्राप्त कर सकते हैं और यह प्रक्रिया एकदम आसान है। हममें से प्रत्येक इस प्रक्रिया को अपनाकर अपने जीवन के किसी भी लक्ष्य को प्राप्त कर सकता है। हमें अपने लक्ष्य को प्राप्त करने के लिए मात्र नीचे लिखी बातों को ध्यान में रखना हैः

1. हमें यह जानना है कि जीवन में क्या करना है और यह सब कैसे करना है?

2. यह जानने के बाद कि हमें जीवन में क्या करना है? कैसे करना है? हमें चाहिए कि लक्ष्य प्राप्ति तक डटे रहें। हमें निम्नलिखित चरणों का ध्यान रखना है :

    ➢ हमें जानना है कि क्या करना है?

    ➢ हमें जानना है कि कैसे करना है?

    ➢ हमें प्रयास करते रहना है।

अपने जीवन लक्ष्य को प्राप्त करने के लिए जानना होगा कि हमें क्या चाहिए? जब हम चाहते हैं कि 'जो चाहे प्राप्त कर सकें, तो सर्वप्रथम यह जानना होगा कि हम 'क्या' चाहते हैं? बिना यह जाने कि 'क्या चाहिए?' उसी प्रकार है, जिस प्रकार बिना लक्ष्य के निशाना साधना। इस संदर्भ में मुझे एक बात याद आ रही है, जिसमें एक व्यक्ति बस स्टैंड पर दूसरे व्यक्ति से पूछता हैः

पहला व्यक्ति : यह बस कहां–कहां जा रही है?

दूसरा व्यक्ति : तुम्हें कहां जाना है?

पहला व्यक्ति : मुझे मालूम नहीं।

दूसरा व्यक्ति : तो तुम्हें क्या फर्क पड़ता है? किसी भी बस में बैठकर कहीं भी जा सकते हो।

हममें से ज्यादातर लोग इसी तरह के होते हैं, जो जाना तो बहुत दूर चाहते हैं, पर उन्हें पता नहीं होता कि कहां जाना है? ज्यादातर लोगों के असफल होने का पहला कारण भी यही है कि उन्हें क्या चाहिए, इसका पता उन्हें नहीं होता और वे जीवन बिना किसी उद्देश्य के ही पूरा कर देते हैं। उन्हें यह तो पता होता है कि जीवन से कुछ चाहिए, परंतु यह पता नहीं होता कि क्या–क्या चाहिए? इसलिए हम अभी से जानना शुरू करेंगे कि हमें क्या चाहिए और यह जानने में हमें कितना भी समय क्यों न लगे, पर सर्वप्रथम हम यह जानकर रहेंगे कि हमें क्या चाहिए।

हमें यह जानना होगा कि हमें क्या चाहिए? संपत्ति, खुशियां, प्यार, ताकत, प्रसिद्धि या कुछ और। हम इन सभी को या इनमें से कुछ को अपना जीवन लक्ष्य बना सकते हैं। जब हम यह जान लेते हैं कि 'हमें क्या चाहिए?' तो यकीनन जीवन लक्ष्य प्राप्ति प्रक्रिया में हम पहला कदम बढ़ा चुके होंगे। जीवन लक्ष्य को प्राप्त करने की प्रक्रिया में चयन ही सबसे महत्त्वपूर्ण सीढ़ी है। जब हमने यह जाना कि हमें क्या चाहिए, तो हमें जानना होगा कि हमें ये सब किस प्रकार मिलेगा? हमें यहां चयन करना होता है कि किस प्रकार की क्रिया हमें करनी है, किस प्रकार के समूह से हमें जुड़ना है, किस प्रकार का कार्य हमें करना है, किस प्रकार के शहर, पड़ोस, व्यक्ति, जीवन लक्ष्य एवं सफलता का हमें चयन करना है। यह पुस्तक उपरोक्त विषयों पर कोई निर्णय नहीं लेगी। यह निर्णय स्वयं को लेना है। यह स्वयं के चयन का विषय है।

जब हमने निर्धारित कर लिया हो कि हमें क्या चाहिए और कब चाहिए, तो ज्ञात करना है कि कैसे मिलेगा? हमें जीवन लक्ष्य कैसे प्राप्त करना है? हम इसकी चर्चा पुस्तक में

करेंगे। हम यह जानेंगे कि, कैसे स्वयं को प्रेरित करें और जीवन लक्ष्य प्राप्त करने के लिए डटे रहें।

हम यह भी जानेंगे कि सफलता के प्राकृतिक नियमों को किस प्रकार आत्मसात करना है, साथ ही यह भी जानेंगे कि जो भी हम चाहते हैं, उसे किस प्रकार प्राप्त करेंगें।

अगर हम अपने मन की आंखें खोलकर देखते हैं, तो हम अपने अंदर असीमित संभावनाओं का स्रोत पाते हैं। हम सब के भीतर एक ऐसा स्रोत विद्यमान है, जिससे जितना सोना निकालो कम है। हममें से अधिकांश लोग सुषुप्त अवस्था में रहते हैं। हम इस छिपी हुई असीम बुद्धिमत्ता, जो हममें विद्यमान है, से अनभिज्ञ हैं। इस छिपी हुई अपार बुद्धिमत्ता को जागृत करने के बाद हम जो चाहें, प्राप्त कर सकते हैं। एक चुंबक का टुकड़ा अपने से बारह गुना ज्यादा वजन को उठा सकता है और अगर इसी टुकड़े से हम चुंबकीय गुण हटा दें, तो वह सुई भी नहीं उठा सकता। मनुष्य दो प्रकार के होते हैं – पहला वह जो चुंबकीय गुणों से युक्त आत्मविश्वासी है, जो यह जानता है कि वह जीतने के लिए ही पैदा हुआ है, सफलता उसके कदम चूमती है; दूसरा मनुष्य बिल्कुल इसके विपरीत होता है, जिसमें आत्मविश्वास नाममात्र का भी नहीं होता और वह हमेशा सोचता रहता है कि 'मैं असफल हो जाऊंगा', 'कहीं मेरा पैसा न डूब जाए', 'लोग मुझ पर हंसेंगे तो नहीं', इस प्रकार के लोग जीवन में आगे नहीं बढ़ते, क्योंकि वे आगे बढ़ने से डरते हैं और वहीं रह जाते हैं, जहां वे थे। हम अपने को

इनमें से किस श्रेणी में पाते हैं? स्वयं में चुंबकीय गुणों को जागृत करते हुए हम इस अद्वितीय क्षमता का अधिग्रहण कर सकते हैं।

परमाणु शक्ति का रहस्य क्या है? क्या है न्यूट्रॉन बम? कैसे होता है उपग्रह प्रक्षेपण? क्या है इन सबका रहस्य? ये सब आविष्कार इस दुनिया में कैसे आए? इन सब जटिल सवालों का साधारण–सा जवाब हमारे अवचेतन मन में छिपा है। दुनिया पूजती है उन वैज्ञानिकों को, जिन्होंने ऐसे आविष्कारों को अपने अवचेतन मन से बाहर निकालकर दुनिया के सामने रखा। इन ऐतिहासिक घटनाओं का जन्म हुआ था मात्र एक सोच से, अवचेतन मस्तिष्क में, जी हां! हमारा अवचेतन मन ही असीम शक्ति, असीमित ज्ञान, अपार सफलता व असीमित प्यार का स्रोत है।

अनमोल खजाने का स्रोत : हमारा अवचेतन मन

हम अपने जीवन में अधिक शक्ति, संपन्नता, स्वास्थ्य, खुशियां प्राप्त कर सकते हैं, यदि हम अपने अवचेतन (मस्तिष्क) मन से संपर्क साधना सीख लें। सबसे महत्त्वपूर्ण बात यह है कि ये शक्ति हमें पैदा नहीं करनी होती है, वरन् यह पहले से ही हमारे अंदर विद्यमान है। हमारा अवचेतन मन, जो भी सूचना हम चाहें, उसी वक्त वह हमें देता है, बशर्ते हम अपना दिमाग खुला रखें। हम नये विचार, नये आविष्कार अपने अवचेतन मन से प्राप्त कर सकते हैं, भले ही हमें उनके बारे में कोई ज्ञान न हो। और यह हमारा अधिकार भी है कि हम विचारों की नई दुनिया खोजें। हालांकि अवचेतन मन की ताकत अदृश्य होती है, फिर भी वह इतनी ताकतवर है कि हम हर परिस्थिति का हल उसमें खोज सकते हैं। हमने रेकी चिकित्सा पद्धति के बारे में सुना है। इस पद्धति में अवचेतन मन में व्याप्त मानसिक शक्ति से दूसरों का इलाज किया जाता है, तो क्यों ना हम इस अद्वितीय शक्ति को स्वयं के उपयोग में लाएं।

■

किसी भी सफलता के लिए या किसी भी कार्य को करने के लिए, एक कार्यप्रणाली की आवश्यकता होती है। कार्य चाहे प्रधानमंत्री का हो या एक लिपिक का, उसमें कार्यप्रणाली की विद्यमानता आवश्यक है। उसमें प्रशिक्षण की भी आवश्यकता होती है। हम भी अपने अवचेतन मन की शक्ति से इच्छित परिणाम ले सकते हैं। हम यह न सोचें कि रसायन विज्ञान, भौतिक विज्ञान एवं गणित विज्ञान के सिद्धांतों से अवचेतन मन के सिद्धांत अलग होंगे। हम एक सर्वविदित सिद्धांत को लेते हैं, 'पानी अपना स्तर स्वयं बना लेता है'। यह एक सर्वविदित व दुनिया के हर कोने में घटित होने वाला सिद्धांत है। एक अन्य सिद्धांत 'धातु गर्म करने पर फैलती है', यह सिद्धांत सर्वमान्य है हर काल व हर परिस्थिति में कार्य करता है। अगर एक स्टील के टुकड़े को गर्म किया जाए, तो वह फैलेगा, वह चाहे भारत में हो या चीन में। और यह भी सर्वविदित सत्य व मनोविज्ञान का सिद्धांत है कि जैसी सोच हम अपने अवचेतन मन को देते हैं, वैसे ही तत्व वह बाहर निकालता है।

हमारा अवचेतन मन गणित व भौतिक विज्ञान या रसायन विज्ञान के सिद्धांतों की तरह ही काम करता है। जिस तरह हम सभी जानते हैं कि हाइड्रोजन में आक्सीजन के अणु मिलाए जाएं, तो पानी बनता है। और अगर आक्सीजन के एक अणु में एक कार्बन का अणु मिलाया जाए, तो कार्बन मोनोआक्साइड गैस बनती है और यह गैस जहरीली होती है। लेकिन अगर हम इसमें ऑक्सीजन का एक अणु और मिला देते हैं, तो यह कार्बन–डाइऑक्साइड नामक अन्य गैस बन जाती है, जो कि एक हानि रहित गैस होती है। इसी तरह हमारा अवचेतन मन (सब–कोंशियस माइंड) किसी एक सिद्धांत पर काम करता है। अगर उसमें दूसरा सिद्धांत और मिला दिया जाता है, तो परिणाम भिन्न होता है। हमारा अवचेतन मन विद्युत के सिद्धांत पर भी कार्य करता है। जिस

तरह विद्युत बड़े स्रोत से छोटे स्रोत की तरफ गतिमान होती है, उसी तरह हमारे अवचेतन मन की शक्ति कम से ज्यादा शक्ति की तरफ न बढ़कर, बड़ी शक्ति से छोटी शक्ति की तरफ बढ़ती है। यहां कहने का आशय है कि अगर हम अपने अवचेतन मन को असीमित मन* से जोड़ते हैं, तो सभी तरह का ज्ञान, सभी तरह की शक्तियां हमारे अवचेतन मन में बिना बाधा के आने लगती हैं। यही हमारे अवचेतन मन का सिद्धांत है, जो हर जगह काम करता है। इसे मनोवैज्ञानिक 'लॉ ऑफ साइकोलॉजी' भी कहते हैं।

कुछ मनोवैज्ञानिक प्रयोगों से यह बात सामने आ चुकी है कि हमारा अवचेतन मन अच्छे और बुरे का फैसला नहीं कर पाता है। उदाहरण के लिए कुछ मनोवैज्ञानिकों ने इस बात को सिद्ध करने के लिए हिप्नोटिज़्म का सहारा लिया और कुछ व्यक्तियों को हिप्नोटाइज कर उन्हें यह कहा कि आप नेपोलियन बोनापार्ट हैं, किसी को कहा 'आप बिल्ली हैं', किसी को कहा 'आप शेर हैं'। इस तरह उन अलग–अलग व्यक्तियों को अलग–अलग उपमाएं दी गईं, तो जितने समय वे व्यक्ति हिप्नोटाइज रहे, उतने समय में उन्होंने दी गई उपमाओं के अनुरूप ही कार्य किया। उनके चेतन मन को सुला दिया गया था, और अवचेतन मन को जब ये उपमाएं दीं, तो अवचेतन मन के अनुरूप उनके शरीर ने वो काम करना आरंभ कर दिया। उनमें से किसी एक व्यक्ति को यह भी कहा गया कि आपका तापमान बहुत अधिक गिर गया है, तो अचानक उसके शरीर का तापमान गिरने लगा। इस बात से यह सिद्ध होता है कि हम अपने अवचेतन मन से जैसा चाहें, वैसा काम ले सकते हैं। अवचेतन मन की शक्ति एक ऐसी शक्ति है, जो खजाने के रूप में हमारे अंदर सर्वशक्तिमान स्रोत के रूप में है। इस शक्ति से हम जो चाहें, वो प्राप्त कर सकते हैं।

---

*असीमित मन : पृष्ठ संख्या 27 पर देखें

हमारा चेतन मन स्पर्श, देखने, सुनने, सूंघने व बोलने से ज्ञान की प्राप्ति करता है। हममें से कई लोगों को वैज्ञानिक जगत की उपलब्धियों के बारे में मालूम है। जैसे अभी हाल ही में सूंघने वाला कंप्यूटर भी बनाया गया है, इससे पहले स्पर्श का ज्ञान करने वाला (टच स्क्रीन), देखने वाला (वीडियो कैमरा), सुनने वाला (हेड फोन, स्पीकर) बोलने वाला (माइक्रोफोन) आदि उपकरणों का आविष्कार हो चुका है। इन सभी क्षेत्रों में कंप्यूटर ने उपलब्धि प्राप्त की है। लेकिन क्या हमने यह गौर किया है कि इंसान ने चेतन मन से जो कार्य संपादित होते हैं, उन सबका तो आविष्कार कर लिया है, लेकिन अवचेतन मन से जो कार्य संपादित किए जाते हैं, वो अभी तक आविष्कृत नहीं हुए हैं, जैसे कंप्यूटर अनुभव नहीं कर सकता, कंप्यूटर मूल्यांकन नहीं कर सकता। इसीलिए अगर हम अपने अवचेतन मन की शक्ति को जगाते हुए किसी भी तरह की इच्छा या महत्वाकांक्षा को प्राप्त करना चाहते हैं, तो कर सकते हैं।

इस पुस्तक में हम बाहर से नहीं सीखेगें, वरन् अपनी अंतर्निहित शक्ति को बाहर लाने का प्रयास करेंगे। हममें से प्रत्येक व्यक्ति यह शक्ति रखता है। और जब हम किसी सफल व्यक्ति के बारे में सोचते हैं, तो ऐसी क्या भिन्नता उसमें पाते हैं कि वह औरों से ज्यादा सफल है? उसकी देह अन्य व्यक्तियों की देह से अलग नहीं होती, तो उसमें ऐसा क्या होता है कि वह व्यक्ति जीवन में अधिक सफल है? इसका जवाब हम इस पुस्तक में पाएंगे कि उन व्यक्तियों में कुछ गुण ऐसे होते हैं, जो आम व्यक्ति अनुभव नहीं करते। हम ऐसा कह सकते हैं कि वे गुण हममें से प्रत्येक में होने के बावजूद भी सुप्त अवस्था में होते हैं। यदि हम उन गुणों को पहचान लें, तो सफलता हमारे कदम चूमेगी।

■

हम जो बनना चाहते हैं, वह कैसे बनें, यह कैसे संभव होगा? सामान्यतया सभी इंसान प्रगति चाहते हैं, लेकिन ये कैसे संभव हो कि हम अपना जीवन लक्ष्य प्राप्त कर सकें। हममें से प्रत्येक में आत्मविश्लेषण करने की क्षमता है और ये क्षमता हमारे अवचेतन मन (सबकोंशियस माइंड) में होती है, हो सकता है कि चेतन मन (कोंशियस माइंड) हमारा आत्म–विश्लेषण न कर सके, परंतु हमारा अंतर्मन इन सभी का बड़ी आसानी से पता लगा लेता है। अभी हाल ही में हुए एक मनोवैज्ञानिक प्रयोग से यह साबित हो चुका है कि अगर कोई व्यक्ति अपने 'आई क्यू' को बढ़ाना चाहता है, तो वो बढ़ा सकता है और इतना बढ़ा सकता है कि वह असामान्य रूप से विकसित हो जाए। एक प्रयोग द्वारा सिद्ध हो चुका है कि कोई भी व्यक्ति अपने दिमाग के आकार, न्यूरोंस के आकार व संख्या को बढ़ा सकता है। इस प्रयोग में चूहों की तीन श्रेणियां बनाई गई थीं। पहली श्रेणी के चूहों को एक साधारण पिंजरे में रखा गया। दूसरी श्रेणी के चूहों को एक ऐसे स्थान पर रखा गया, जहां हवा व रोशनी का अभाव था। तीसरी श्रेणी के चूहों को खाना खाने के लिए कई बाधाओं को पार करना पड़ता था। इस प्रयोग से निष्कर्ष सामने आए कि जो चूहे बाधाओं से संघर्ष करते रहे, उनमें निम्न प्रभाव दिखाई दिए–

- मस्तिष्क के आकार में वृद्धि।
- न्यूरोंस (ब्रेन सेल्स) के आकार में 15 प्रतिशत की वृद्धि।
- मस्तिष्क में प्रोटीन की वृद्धि।
- एक न्यूरोन के दूसरे न्यूरोन से सामंजस्य में वृद्धि।

उपरोक्त प्रयोग से हम जान सकते हैं कि हम चाहें, तो अपने मस्तिष्क का विकास कर सकते हैं। साथ ही इस प्रयोग में यह बात भी सामने आती है कि हमें जन्म से ही चतुर व बुद्धिमान (स्मार्ट) होने की आवश्यकता नहीं है, हम प्रयास द्वारा या सफलता के गुरों को सीखकर भी आगे बढ़ सकते हैं। एक मनोवैज्ञानिक प्रयोग का यह निष्कर्ष सबसे ज्यादा महत्त्वपूर्ण है कि वे व्यक्ति ज्यादा सफल होते हैं, जो अपने आपको सफल होने के समक्ष या स्वयं को एक सफल व्यक्ति के रूप में अपनी मानसिक तस्वीर में देखते हैं। हम जो बनना चाहते हैं, वो तभी बन सकते हैं, जबकि हम अपने दिमाग में यह तस्वीर बनाएं कि हम वो बन रहे हैं या बन चुके हैं। सफलता के लिए सर्वप्रथम हमारे दिमाग में स्वयं की एक सफलतम व्यक्ति के रूप में तस्वीर होनी चाहिए। अगर हम किसी भी क्रिया में अपने आपको असफल व्यक्ति के रूप में देखते हैं, तो हम असफल ही होते हैं। यह सामान्य नियम है कि हम जैसा सोचते हैं, वैसे ही बन जाते हैं। अगर हम गरीबी को सोचें, तो अमीर कभी भी नहीं हो सकते। अगर हम घृणा को सोचें, तो प्रेम का अनुभव नहीं कर सकते। हमारी प्रथम आवश्यकता है, अपने अंतर्मन को एक ऐसी तस्वीर देना, एक ऐसा माध्यम देना, जिसे पाकर हमारा अंर्तमन स्वयं ही गतिशील हो जाए और हम वो बन सकें, जो हम चाहते हैं और यह तभी हो सकता है, जब हम अपनी मानसिक तस्वीर में ऊंचा सोचें (थिंक बिग)। हमारी कल्पना मस्तिष्क चित्र का रूप ले लेती है और ये मस्तिष्क चित्र हमारे

अर्द्धचेतन मस्तिष्क को एक नियंत्रण की शृंखला देते हैं। इसलिए आवश्यकता है हमें अच्छा सोचने की, बड़ा सोचने की, न कि हम छोटी बातों से समझौता करें, क्योंकि यही ऊंची सोच हमें उस रास्ते पर ले जाएगी, जहां हमारी मंजिल हमारा इंतजार कर रही है।

ये मानसिक चित्र या सोच हमें हमारी मंजिल की ओर कैसे ले जाते हैं? हम जो सोच रहे होते हैं, उसे चलचित्र (फिल्म) के रूप में अपने मस्तिष्क पटल पर देखते हैं और ये मानसिक चित्र हमारे जीवन को नियंत्रित करते हैं। ये चित्र सुनिश्चित करते हैं कि हमारा भविष्य कैसा होगा। जिस प्रकार एक मकान को बनाने के लिए नक्शे (ब्ल्यू प्रिंट) की जरूरत होती है, उसी प्रकार हमें अपने जीवन को नियंत्रित करने के लिए स्पष्ट व गहन मानसिक तस्वीर की आवश्यकता होगी। इतिहास इस बात का गवाह है और बाइबिल में भी कहा गया है कि मनुष्य जैसा सोचता है, वैसा वह बन जाता है। हम अपने मानसिक चित्रों में जो देखते हैं, वे चित्र हमारे अवचेतन मस्तिष्क (सब–कोंशियस माइंड) में पहुंच जाते हैं, और प्रत्येक मानसिक चित्र या प्रत्येक सोच हमारे अवचेतन मस्तिष्क (सब–कोंशियस माइंड) को यह आदेश देता है कि हमारा जीवन उस दिशा की तरफ बढ़ने लगे और वही मानसिक चित्र धीरे–धीरे वास्तविकता में बदल जाता है।

महात्मा बुद्ध ने भी एक सभा में यही कहा था, यह सब उसी का परिणाम है, जैसा हमने सोचा था, अर्थात् जो चित्र हमने अपने मस्तिष्क में स्वयं के प्रति बनाए होते हैं, हम उसी के अनुरूप बदलते जाते हैं। दुनिया के सभी विचारक, दार्शनिक, बुद्धिमान व्यक्ति या जिन्हें सफल कह सकते हैं, वे इस बात को प्रमाणित करते हैं कि वे उसी का परिणाम हैं, जो उन्होंने सोचा था। आधुनिक मनोविज्ञान की प्रगति के साथ–साथ ये बात सामने आने लगी है कि मनुष्य स्वयं के प्रति जो कल्पना रखता है या जो मानसिक तस्वीर सदृश्य

करता है, वैसा ही वह बन जाता है। सदृश्य से यहां आशय उस तस्वीर से है, जो वह अपने बारे में सोचता है या अपने बारे में देखता है। विख्यात मनोवैज्ञानिक विलियम जेम्स ने हारवर्ड यूनिवर्सिटी में अपने एक लेक्चर में कहा था, 'विश्वास, वास्तविक सत्य में बदल जाता है। उन्होंने जोर दिया था वास्तविक सत्य पर। उन्होंने यह भी कहा, विचार (मेंटल पिक्चर्स) इस दुनिया को नियंत्रित करते हैं।' 'जी हां, ये बात एकदम सत्य है', क्योंकि हमारी मानसिक तस्वीरें हमें उस ओर ले जाती हैं जहां हम जाना चाहते हैं। अगर जीवन में हमने सफलता की कामना की है, तो हमें सफलता ही मिलती है और असफलता की कामना की है, तो हमें असफलता ही मिलती है। यह इस बात पर निर्भर करता है कि हमने अपने बारे में क्या विचार बनाए या हमने अपनी मानसिक तस्वीर में क्या देखा है? यह हजारों सालों की बुद्धि, अनुभव और विश्लेषण का परिणाम है। हमारा भूतकाल व वर्तमान इस बात का परिणाम है कि हमने अपने बारे में क्या सोचा था?

यदि हम अपने अवचेतन मस्तिष्क (सबकोंशियस माइंड) को असफल होने की तस्वीर देते हैं, तो सफलता के रूप में हमें असफलता ही हाथ लगती है। किसी भी तरह हम सफल नहीं हो पाएंगे, अगर हमारे मानसिक चित्र में केवल असफलता ही चित्रित है, तो उसका परिणाम केवल असफलता ही होगा। अगर हमने मानसिक तस्वीर में 'हम हमेशा गरीब ही रहेंगे' को सोचा है, तो हम हमेशा गरीब ही रहेंगे, क्योंकि ये मानसिक चित्र हमें कभी भी अच्छा सोचने या ज्यादा मेहनत नही करने देंगे। अगर हमने अमीरी को सोचा है, तो हम अमीर होंगे। अगर हमने ख्याति के लिए सोचा है, तो हम ख्याति प्राप्त करेंगे। ठीक उसी तरह जो कि एक सामान्य नियम है कि जैसा हम सोचेंगे, वैसा हम करेंगे। हमारे मानसिक चित्र हमारे जीवन को नियंत्रित करते हैं। जैसा हम सोचते हैं, वैसे सोच को अपने मस्तिष्क पटल पर देखते हैं

और यह कोई सामान्य–सा अध्याय, सीख या दर्शन नहीं है, वरन् एक क्रांति है, जो हमारे विचारों में आएगी और हमारे पूरे भविष्य को नियंत्रित करेगी।

हम जब घर के बारे में सोचते हैं तो घ और र दो अक्षरों के बारे में नहीं सोचते, वरन् एक साफ–सुथरे, रंगे–पुते अपने वास्तविक/काल्पनिक घर के बारे में सोचते हैं या उसे अपने मस्तिष्क पटल पर देखते हैं। एक ऐसी तस्वीर को देखते हैं, जो वास्तविक/काल्पनिक मकान की तस्वीर है, केवल घर शब्द ध्यान में आते ही वह हमारे मस्तिष्क पटल पर आ जाती है। यह तस्वीर हमारा आज का या हमारे भविष्य की महत्त्वाकांक्षा का मकान भी हो सकती है।

जो घर कल्पना में हमने मानसिक तस्वीर के रूप में देखा है, वह केवल शब्द या तस्वीर नहीं है वरन् पूरी प्रक्रिया है, जो इस कल्पना को वास्तविकता में बदल देती है। एक मध्यमवर्गीय परिवार में अपना घर होने का सपना हर कोई देखता है। इसी प्रकार एक व्यक्ति का सपना भी यही था और वह व्यक्ति इस घर शब्द को दिन–रात सोचता है, तो उस घर की तस्वीर उसके दिमाग में उतरती गई। वह आते–जाते, दोस्तों के घर देखता और अपने वास्तविक मकान की कल्पना करने लगता। इस पूरी प्रक्रिया में वह यह सोचता चला जाता है कि उसके पास अपना घर है। उस व्यक्ति ने एक बार बाजार में एक सुंदर–सा गुलदस्ता देखा और वह उस गुलदस्ते को खरीद कर घर ले आया। घर लाकर वह गुलदस्ता अपनी पत्नी को दिखाया और कहा 'यह गुलदस्ता मैं अपने सपने के उस घर के ड्रॉइंग रूम में सोफे के पास बने कोने पर लगाऊंगा', तो पत्नी उस पर हंसी और बोली, 'तुम वास्तव में पागल हो, उस घर के लिए दीवाने हो, जो अभी तक बना ही नहीं है।' इस पर उसने जवाब दिया 'तुम हंसो नहीं, वो घर वास्तविकता में बनेगा, हमारा सपना सच होगा।' उसने अपनी पत्नी को गुलदस्ते को ऐसी जगह

सजाने के लिए कहा, जहां से वह रोज दिखाई दे सके।
उसकी पत्नी ने ऐसा ही किया।

अब हम इस कहानी में देख सकते हैं कि ये दीवानापन
तो है, परंतु यह दीवानापन एक शरुआत है अपने सपने को
सच करने की। वह गुलदस्ता उसे हर रोज एक नया जोश
देगा, एक नई शुरुआत करने के लिए प्रेरणा देगा। आज
उसने गुलदस्ता खरीदा है, कल वह दूसरा सामान खरीदेगा,
अपने सपने के घर को वास्तविकता में बदलने के काम में
आने वाली जरूरत की दूसरी चीजों को जुटाने की कोशिश
करेगा। उसकी पत्नी की व्यंग्यात्मक हंसी उसे चुभी, उसने
दोगुना काम करना शुरू कर दिया। अतिरिक्त कार्य
(ओवरटाइम) किया, पैसे बचाए, ऋण लिया और एक दिन
अपने सपनों का घर हासिल कर ही लिया और उसने अपनी
मानसिक तस्वीर के अनुसार वह गुलदस्ता उसी जगह
लगाकर अपनी पत्नी को दिखाया और कहा, 'देखो यह वही
गुलदस्ता है, जो मैं अपने इसी घर के लिए कई साल पहले
लाया था।' ऐसा हम सबके जीवन में भी होता है। अगर हम
अपने लक्ष्य को एक मानसिक तस्वीर के रूप में देख लें और
उस तस्वीर के अनुसार जीना शुरू कर दें, तो हमें अपने
सपने को वास्तविकता में बदलने में कोई कठिनाई नहीं होती,
क्योंकि विश्वास वास्तविकता का दूसरा नाम है।

हम एक दूसरा उदाहरण ले सकते हैं, जिसमें एक युवक
अपनी मानसिक तस्वीर में अपने पूरे जीवन की कहानी सोच
रहा है। वह देखता है कि एक सुंदर—सा साफ—सुथरा बहुत
ही आकर्षक रूप से सजाया हुआ एक कमरा है। उसमें एक
सुंदर युवती अपने दो स्वस्थ बच्चों के साथ खेल रही है और
कमरे के पीछे वाले हिस्से में एक पुलिस की वर्दी टंगी है,
जिस पर एक अशोक स्तंभ लगा है (यह एक आई.पी.एस. की
वर्दी है)। हालांकि इस तस्वीर का सत्य यह है कि वह युवक
अभी तो केवल प्रतियोगी परीक्षाओं की तैयारी कर रहा है,

लेकिन ये मानसिक तस्वीर उसे वो सब करने का नया जोश देती है। जो वह करना चाहता है। उसे अपने जीवन के लक्ष्य को दोहराने की आवश्यकता नहीं होती, इतना लंबा सोचने की आवश्यकता नहीं होती अर्थात् ज्यादा समय गंवाने की आवश्यकता नहीं होती। वह अपनी इस मानसिक तस्वीर को देखता है और स्वयं में एक नए जोश का संचार पाता है। सुनने में और करने में यह बात अविश्वसनीय महसूस हो सकती है कि क्या ऐसा संभव है? मनोवैज्ञानिक सिद्ध कर चुके हैं कि जैसे विचार हम अपने अवचेतन मन (सबकोंशियस माइंड) को देते हैं, वही हम कर पाते हैं या कर गुजरते हैं। अगर हम उठते, बैठते, जागते यह सोचते हैं कि हम फलां कार्य कर सकेंगे, तो हमें उस कार्य को करने से कोई नहीं रोक सकता, लेकिन किसी भी क्षण मन में उपजा छोटा–सा अविश्वास हमारे पूरे सपने को नष्ट कर सकता है, इसलिए मानसिक तस्वीर पूर्ण रूप से स्पष्ट होनी चाहिए। यह मानसिक तस्वीर हमारे अवचेतन मन (सबकोंशियस माइंड) को नियंत्रित कर एक ऐसी प्रक्रिया में बदल देती है, जिसमें हर कल्पना वास्तविकता में बदल जाती है।

कल्पना वास्तविकता में कैसे बदलती है, इसके लिए हमें सूक्ष्म रूप से हमारे मस्तिष्क के चरणों का अध्ययन करना होगा। हमारे मस्तिष्क के तीन चरण होते हैं, अथवा हम मस्तिष्क के तीन चरण या भागों द्वारा नियंत्रित किए जाते हैं। ये भाग एक दूसरे से अलग होते हुए भी एक दूसरे के पूरक होते हैं, ये तीन भाग निम्न है:

1. चेतन मस्तिष्क

यह मस्तिष्क का वह हिस्सा है, जिसे हम शल्य क्रिया द्वारा देख सकते हैं और अप्रत्यक्ष रूप से मनोवैज्ञानिक गणना द्वारा जान सकते हैं और यही हमारे मस्तिष्क का वह हिस्सा होता है, जो लगातार सोचता है। हमारी सोच को मस्तिष्क पटल पर एक चलचित्र (फिल्म) के रूप में लगातार दिखाता रहता

है। हम अपने इस चेतन मन से मस्तिष्क पटल में देखे जाने वाली चलचित्र (फिल्म) को नियंत्रित कर सकते हैं।

2. अर्द्धचेतन मस्तिष्क (हमारा मन)

यह मस्तिष्क का वह हिस्सा है, जो कि चेतन मन से जुड़ा होता है, लेकिन चेतन मन के प्रत्यक्ष नियंत्रण से बाहर होता है। हमारा यह अर्द्धचेतन मन (सबकोंशियस माइंड) बहुत से ऐसे कार्य करता है, जिनको हम चेतन मस्तिष्क द्वारा नहीं कर सकते। अगर हम अपने दिमाग को यह आदेश देते हैं कि हमारे हाथ को हिलाओ, तो हमारा चेतन मन हमारे हाथ को हिला देता है, लेकिन कुछ समय बाद या तो हमारा हाथ दर्द करने लगता है या हम स्वयं ही हाथ को नीचे कर देते हैं। इसी प्रकार अगर हम अपने चेतन मन को कहें कि मेरे दिल को धड़काना है, तो चेतन मन दिल को धड़का देगा, लेकिन कुछ समय बाद चेतन मन भूल/थक जाएगा और दिल धड़कना बंद कर देगा, तो क्या हम मर जाएंगे? नहीं, इस प्रक्रिया को पूरा करने के लिए ईश्वर ने हमें अर्द्धचेतन मन दिया है, जो कि हमारे जीवन के लिए आवश्यक कार्यों को पूरा करता है, जैसे सांस, धड़कन, पाचन क्रिया ऐसी कई क्रियाओं को जिसको चेतन मन नियंत्रित (कंट्रोल) नहीं कर सकता है, को अर्द्धचेतन मन पूरा करता है। प्रकृति ने ये सब काम अर्द्धचेतन मन को सौंपे हैं।

हमारा चेतन मन 7 ˆ 3 को एक बार में सुलझा सकता है, जबकि हमारा अवचेतन मन लंबी संख्याओं या अनेक संख्याओं को एक ही समय में गुणा, भाग, जोड़, बाकी या अन्य गणितीय सिद्धांतों को लागू कर सकता है। उसी प्रकार जैसे हमारा अवचेतन मन एक ही समय में शरीर के विभिन्न कार्य जैसे रक्त संचार, धड़कन, शरीर का तापमान, शरीर में विद्यमान रसायन का संतुलन, पाचन क्रिया, रक्त दबाव व अन्य आपातकाल स्थितियों को एक साथ नियंत्रित करता है।

■

अवचेतन मन हमारे शरीर में उत्पन्न होने वाले रसायनों का उत्पादक व प्रबंधकर्ता होता है। ये रसायन हमें खुशी, दर्द, एहसास, सोच–विचार, चिंता, क्रोध व अन्य वृत्तियां देते हैं। हम अच्छे विचारों से अवचेतन मन से नियंत्रित होने वाले रसायनों को नियंत्रित कर सकते हैं और इस नियंत्रण द्वारा वह सब कुछ प्राप्त कर सकते हैं, जो हम चाहते हैं। हमारा अर्द्धचेतन मन यादों का एक भंडार होता है, जिसमें जीवन के प्रत्येक सोच या विचार एकत्रित होते रहते हैं। हर तस्वीर उसमें एकत्रित होती रहती है, और हो सकता है कि हम उसे भूल जाएं, या हमारा चेतन मन उसे याद न रख सके, परंतु वे चित्र हमारे अर्द्धचेतन मन में हमेशा–हमेशा के लिए संग्रहित हो जाते हैं। हम बचपन की अधिकांश घटनाएं भूल जाते हैं, जबकि कुछ ही घटनाएं हमें याद रहती हैं, लेकिन मनोवैज्ञानिक अध्ययनों ने यह सिद्ध कर दिया है कि सम्मोहन (हिप्नोटाइज) द्वारा बचपन की उन बातों को भी याद दिलाया जा सकता है, जिन्हें हम भूल चुके थे। यह तभी संभव होता है, जब वे विचार अर्द्धचेतन मन में मौजूद हों। हमारी मानसिक तस्वीरें भविष्य और वर्तमान दोनों को अर्द्ध चेतन मन में संजोती जाती हैं और उन सोच व विचारों से हमारा व्यक्तित्त्व बनने लगता है और हमारा जीवन उस ओर अर्थात् हमारी सोच की दिशा में अग्रसर होता चला जाता है। जाने–अनजाने दी हुई मानसिक तस्वीरें हमारे जीवन को नियंत्रित करती हैं। अगर हम सोच को निर्धारित व नियंत्रित कर लें या एक ही दिशा में सोचें, तो हम अपने जीवन को नियंत्रित कर सकते हैं।

3. अचेतन या असीमित मन (आत्मा)

इनके बाद हमारे मस्तिष्क का असीमित चरण आता है। यह मस्तिष्क का वह चरण है, जो हमें असीमितता से, ब्रह्मांड से, समय से जोड़ता है। एक ऐसा विस्तार, जिसका न आदि है, न अंत। जहां समस्त ज्ञान से परिपूर्ण वातावरण है। हर चीज,

हर जगह, हर समय संभव होती है, यह है हमारे मस्तिष्क का तीसरा चरण, जिसे हम आध्यात्म भी कह सकते हैं। असीमितता से जुड़ना ही हमारे इस तीसरे चरण का काम होता है।

हमने देखा कि हमारी मस्तिष्क की शक्ति तीन भागों में बंटी है। प्रथम चेतन मस्तिष्क, दूसरा अर्द्धचेतन मस्तिष्क, तीसरा असीमित मस्तिष्क। यह तीनों चरण मिलकर हमें तथा हमारे जीवन को नियंत्रित करते हैं।

हमारे शरीर व प्रकृति का निर्माण पांच तत्वों (जल, भूमि, वायु, नभ एवं अग्नि) से मिलकर हुआ है। यही पांच तत्व अलग-अलग अनुपात में हर जीवन व पदार्थ में विद्यमान हैं। इसी प्रकार 'सफलता' के निर्माण के लिए 'पंच तत्व' का होना भी अति आवश्यक है। इन पंच तत्वों के बिना प्रकृति व प्रकृति के 'सफलता के नियम' का निर्माण नहीं हो सकता। ये पंच तत्व हैं- विश्वास, प्रेम, परिवर्तन, सही प्रवृत्ति व समय।

ये पांच तत्व जिनका अध्ययन हम आगे करेंगे, कोई काला जादू नहीं वरन् मनोवैज्ञानिक सिद्धांत है, जो कि हमारे अवचेतन मन को नियंत्रित करने के लिए परम आवश्यक है। हम इन पांच तत्वों से अपने अवचेतन मन को जागृत कर सकते हैं। यहां पर एक बात हम स्पष्ट रूप से ध्यान में रखें कि ये तत्व तभी कार्य करते हैं, जब हम इनको पूरी गहनता के साथ अमल में लाते हैं। किसी भी कार्य को करने के लिए यह सामान्य नियम है कि जितनी बार उसे दोहराया जाएगा, उतनी ज्यादा सफलता या सफाई उस कार्य को करने में आती है। इसी प्रकार इन पांचों तत्वों को जानने के बाद हमें गहन विचार करते हुए इन्हें अपने जीवन में उतारना होगा। अलग-अलग अध्यायों में अलग-अलग उदाहरण दिए गए हैं। इन सभी तत्वों को अपने अंदर महसूस कर, उसे बाहर

लाने की कोशिश करें। हमारे अवचेतन मन को जागृत करने का प्रमुख तत्व है विश्वास। हम यहां यह जानेंगे कि विश्वास क्या है, यह कैसे कार्य करता है। तो आइए, सबसे पहले हम विचार करते हैं विश्वास पर ।

विश्वास

जैसा कि हमने पाया कि यह हमारे अवचेतन मन में निर्धारित होता है कि हम क्या–क्या लक्ष्य हासिल कर पाएंगे। और इसी प्रक्रिया में जो प्रमुख तत्व है, वह है 'विश्वास'।

'विश्वास' को जो लोग मानते हैं, उन्हें यह असाधारण परिणाम देता है। विश्वास हमको वहां ले जाता है, जहां हम जाना चाहते हैं, वह भी उस गति से जिस गति से हम जाना चाहें। अब्राहिम लिंकन सोने से पहले हमेशा कहते थे, 'हां, मुझे विश्वास है, हां, मुझे विश्वास है, हां, मुझे विश्वास है'। तीन बार ठीक इसी तरह और इन्हीं शब्दों की शक्ति ने उन्हें अविस्मरणीय सफलता दिलाई।

अमेरिका में कई डॉक्टर अपने मरीजों को ज्यादा दवाई देने के पक्ष में नहीं होते हैं। वे मानते हैं कि ज्यादा दवाई शरीर की प्रतिरोधक क्षमता को कम करती है। इसलिए वे मरीज को दवाई देते समय शक्कर की गोलियां यह कहकर देते हैं कि यह अधिक असरकारक दवाई है। मरीज यह मानकर वह दवाई लेता है कि यह ज्यादा शक्ति की दवाई उसे जल्दी ठीक करेगी। और उसका दर्द या रोग कम होता चला जाता है। इससे हमें यह मालूम पड़ता है कि दिमाग का शरीर पर सीधा प्रभाव पड़ता है और 'विश्वास' से रोगों का निदान भी संभव है।

इसी प्रकार, एक बार एक गृहिणी ने सुबह उठने पर पाया कि उसकी तबीयत खराब है और वह आज परिवारजनों के कपड़े नहीं धो सकेगी, न ही खाना बना सकेगी। यह सोचकर वह उदास हो गई, तभी अचानक उसे पति द्वारा दी

गई गोली ध्यान में आई, इसी विश्वास के साथ कि शायद वह गोली उसे कार्य करने की शक्ति देगी। वह उस गोली को ढूंढने लगी, उसे वह गोली गंदे कपड़ों में रखे गाउन की जेब में मिल गई। उसने तुरंत वह गोली ले ली, इस विश्वास के साथ अपने कार्य में लग गई कि वह गोली उसे ताकत देगी। उसने कुछ ही समय में अपना सारा कार्य निपटा लिया। मात्र एक गोली से यह सब कैसे संभव हुआ, यह जानने के लिए जब उत्सुकतावश उसने गोली के रेपर को पढ़ा, तो पाया कि वह गोली तो मात्र बच्चों के खाने की मीठी गोली थी, जो उसके बच्चों ने उसे दी थी। उसके पति द्वारा दी गई गोली तो अभी भी उसके उसी गाउन की दूसरी जेब में रखी थी।

यहां हम देख सकते हैं कि किस प्रकार उसके विश्वास ने उसकी दिनचर्या को बदला व उसे थकावट से उत्साह की ओर ले गया। जी हां, उस स्त्री ने जगाया था 'विश्वास' अपने मस्तिष्क में, चाहे वह गलती से ही क्यों न जागा हो। क्योंकि हमारा अवचेतन मन सही–गलत व सच–झूठ की पहचान नहीं कर सकता और मन में जागृत किए गए विश्वास का परिणाम हाथों–हाथ दे देता है।

अगर घटनाएं व परिस्थितियां अब भी हमारे अनुकूल नहीं हैं, तो भी अभी विलंब नहीं हुआ है। विश्वास के चमत्कार से हम सभी कुछ प्राप्त कर सकते हैं। यह बात हम किसी परिचित को बताते हैं कि विश्वास से हम 'सब कुछ' प्राप्त करने वाले हैं, तो वे हम पर हंसेंगे। वे हमें संदेहों में उलझाकर ऋणात्मक संदेशों से हमारी शक्ति को कमजोर कर देंगे।

एक महान मनोचिकित्सक था, जो जानता था कि यह विद्या केवल उन लोगों के लिए है, जो इसे मानने को तैयार हैं और उसने 'विश्वास की विद्या' अपने शिष्यों को सिखाई और कहा 'जाओ, लेकिन किसी से ना कहना'। 'विश्वास, जो कि अदृश्य शक्ति है, इसकी शक्ति का वर्णन जब हम किसी

से करते हैं, तो लोग हमें अजीब नजरों से देखने लगते हैं, क्योंकि उन्हें स्वयं पर विश्वास नहीं होता, उन्हें दूसरों पर विश्वास नहीं होता और अपनी इन्हीं हीन भावनाओं से त्रस्त वे दूसरों को भी ग्रसित करना चाहते हैं। जैसे ही हम इस प्रकार की बातें किसी और से कहते हैं, हमारी परेशानियां शुरू हो जाती हैं। वे हम पर हंसते हैं, आलोचना करते हैं व हर संभव प्रयास करते हैं कि हम अपनी इस मान्यता को छोड़ दें।

यह विश्वास की विद्या, जादू नहीं वरन् एक विज्ञान है जो हर परिस्थिति में हमको परिणाम देता है, इसलिए मैं आपको सचेत करता हूं कि इसे किसी रचनात्मक कार्य में ही लगाएं, क्योंकि दुनिया में दो बल ही कार्य कर रहे हैं, पहला अच्छा और दूसरा बुरा। और दोनों अपने–अपने संदर्भ में शक्तिमान हैं। यह सोचकर अपने अंदर यह विश्वास पैदा करें कि 'हां मैं सफल होऊंगा, हां मुझे चाहिए वह सब कुछ जो मैं चाहता हूं, मुझे इस सफलता से कोई नहीं रोक सकता'। इसी विश्वास के साथ कहिए, 'हां, मुझे विश्वास है, हां, मुझे विश्वास है, हां, मुझे विश्वास है।

विश्वास कैसे कार्य करता है?

कुछ लोग हर घटनाक्रम का जब तक पूर्ण रूप से मूल्यांकन नहीं कर लेते, तब तक उसे नहीं मानते। आपने कहा कि 'फलां वस्तु फलां तरीके से काम करती है', लेकिन इतना उनके लिए काफी नहीं है। किसी भी चीज को मानने से पहले वे विश्लेषण करते हैं, विभाजित करते हैं और तब तक नहीं मानते, जब तक कि 'यह कैसे कार्य करता है' उनके सामने नहीं आ जाता, परंतु उन्हें यह बता दो कि यह कैसे होता है, तो वे मान लेते हैं।'

इसी क्रम में सर्वप्रथम हम स्वयं विश्लेषण करेंगे कि विश्वास कैसे कार्य करता है। मैं आपसे पूछता हूं कि हम क्या हैं? जवाब में मैं आपसे कहता हूं कि हम एक बिजली

हैं। विश्वास नहीं है, तो जाइए अंधेरे में और अपने बालों में जोर–जोर से कंघा कीजिए, अगर हम स्वस्थ हैं, तो हमको चिंगारी निकलती दिखाई देगी व उसकी आवाज सुनाई देगी। यही वह विद्युत है, जो हमारे अंदर विद्यमान है। अपने सिर से एक स्केल को रगड़िए, तो हम देखेंगे कि वह स्केल कागज के टुकड़ों को अपनी ओर आकर्षित कर लेगा। एक गुब्बारे को अपने सिर से रगड़िए और दीवार पर चिपकाइए। क्यों होता है यह सब? क्योंकि हमारे अंदर विद्यमान है 'चुंबकीय गुण'। और इस गुण का हमारे अंदर विद्यमान होना ही काफी नहीं है, इस बात का हमको पूर्ण अहसास होना चाहिए।

उत्तरी ध्रुव (नोर्थ पोल) धनात्मक होता है, जबकि दक्षिणी ध्रुव (साउथ पोल) ऋणात्मक और इसी क्रम में। जैसे ही हम अपनी सोच को नकारात्मक बनाते हैं, इस विद्युतीय चुंबक केंद्र (इलेक्ट्रोमैग्नेटिक ज़ोन) से हम बाहर आ जाते हैं। केवल धनात्मक सोच में ही चुंबकीय गुण होते हैं, वही किसी वस्तु को आकर्षित कर सकती है। और यही धनात्मकता हमारे अंदर विद्यमान विश्वास को जागृत करती है। विश्वास ही वह शब्द है, जिसमें रचनात्मकता विद्यमान है और रचनात्मकता का अर्थ जीवन है। अतः रचनात्मकता का वरण है, उन्नति का वरण और ऋणात्मकता का वरण है, अवनति का वरण। इसलिए हमें अपनी सोच को एक जगह केंद्रित कर सभी प्रकार के ऋणात्मक दृष्टिकोणों से दूर होते हुए यह मानना होगा कि 'हां मुझे विश्वास है।' एडिसन से एक बार यह पूछा गया कि इलेक्ट्रिसिटी क्या है? तो इस बात को वह समझा नहीं पाए, परंतु उन्होंने कहा, 'आओ, करके देखते हैं (लैट्स ट्राय)। और उन्होंनें विद्युत से बल्ब जलाकर दिखा दिया। अंगारों पर चलने वालों से पूछा जाए कि वे आग पर कैसे चल लेते हैं, तो वे नहीं बता पाते? किंतु आग पर चलकर जरूर दिखा सकते हैं। इसका मतलब है कि उनका इस बात में

ज्यादा विश्वास है कि 'ऐसा होता है।' विचार गहन होने पर तरंगों में बदल जाते हैं। एक राडार ध्वनि तरंग उत्पन्न करता है और वे तरंगें सैकड़ों किलोमीटर दूर दीवारें, लकड़ी, लोहा, या कुछ भी भेदकर रेडियो तक पहुंच जाती हैं और रेडियो हवा में विद्यमान सैकड़ों तरह की ध्वनि तरंगों में से अपने लिए ध्वनि तरंग को ग्रहण कर लेता है। गहराई से समझने के लिए हम एक छोटा–सा पत्थर तालाब में फेंकें, तो हमें छोटी–छोटी लहरें गोलाई में किनारे की तरफ बढ़ती दिखाई देती हैं। अगर दो अलग–अलग वजन व आकार के पत्थर पानी में अलग–अलग फेंकें जाएं, तो वह पत्थर आपस में नहीं टकराते हैं, फिर भी उनसे उत्पन्न तरंगें एक–दूसरे की तरंगों को समाप्त करने पर आमादा रहती हैं और बड़ी तरंग छोटी तरंग को समाप्त करते हुए आगे बढ़ जाती है। इसी प्रकार जितना उच्च व गहरा हम सोचेंगे, विश्वास करेंगे, उतना ज्यादा तेजस्व हमारी मानसिक तरंगों में आएगा ओर ये तरंगें सभी छोटी तरंगों को भेदती हुई लक्ष्य की ओर बढ़ जाएंगी। हमारी सकारात्मक सोच इस विद्युत के सागर में ऐसी तरंग उत्पन्न करती है, जो लक्ष्य पर पहुंचने के बाद ही रुकती है। बीच में आने वाली सभी बाधाओं को नष्ट कर देती है। अगर हम विश्वास करते हैं, तो क्या होगा? यह प्रश्न हर मस्तिष्क में उत्पन्न होता है। इसका जवाब खोजा ███ ███ ने, जहां यह परीक्षण हुआ कि विचार तरंगें क्या प्रभाव डालती हैं? उन्हें विश्वास था कि सोच को यदि एकाग्र कर लिया जाए, तो एक स्पष्ट तस्वीर बन सकती है, इसलिए उन्होंने एक स्पेशल फोटोग्राफी मशीन के सामने एक व्यक्ति को बैठाया और उसे कुछ क्षणों के लिए पैन पर ध्यान केंद्रित करने को कहा और जब उसकी विचार तरंगों की फोटो ली गई, तो पैन की स्पष्ट तस्वीर सामने आई। इसके पश्चात् उन्होंने दूसरे आदमी को इस मशीन के सामने बैठाया जिसका इस बात पर कोई विश्वास नहीं था कि विचार तरंगें

अस्तित्व में होती हैं, उसको भी ध्यान केंद्रित करने को कहा। जब उसकी विचार तरंगों की फोटो ली गई, तो पैन की एक अस्पष्ट तस्वीर सामने आई, इन तस्वीरों ने मनोवैज्ञानिक जगत में अविस्मरणीय परिणाम दिए। इस प्रयोग से हम यह समझ सकते हैं कि हमारे विश्वास में एक अविस्मरणीय विकिरण (रेडिएशन) होता है। हम सभी में जो अद्वितीय तत्व विद्यमान है, वह है विश्वास। और अब हम मस्तिष्क तरंगों के बारे में अधिक गहराई से जानेंगे।

मस्तिष्क तरंगें

पानी में उठने वाली एवं रेडियो तरंगों की भांति ही हमारे मस्तिष्क में भी तरंगें होती हैं। मस्तिष्क द्वारा उत्पन्न की गई तरंगों में विद्युत की मात्रा भी होती है। एक सेकेंड में उत्पन्न होने वाली तरंगों को एक 'साइकिल' कहते हैं। भारत में काम में ली जाने वाली विद्युत 50 साइकिल प्रति सेकेंड का वेग रखती है। हमारी मस्तिष्क तरंगों को ▮▮▮▮▮▮ ▮▮▮▮▮▮▮▮▮ नामक यंत्र से नापा जाता है। मस्तिष्क तरंगों को साइकिल के अनुसार निम्न भागों में बांटा गया है:

1. डेल्टा ▮▮▮▮▮▮▮▮▮

यह हमारे मस्तिष्क की अति गहन निद्रा की स्थिति है। योगा द्वारा भी इस स्थिति को प्राप्त किया जा सकता है।

2. थीटा ▮▮▮▮▮▮▮

यह ध्यान तथा यह जीवंत सदृश्य कल्पना की स्थिति है।

3. अल्फा ▮▮▮▮▮▮▮▮

यह मस्तिष्क की शांत स्थिति को दर्शाता है और इस स्थिति में सीखने की क्षमता बढ़ जाती है।

4. बीटा ▮▮▮▮▮▮▮▮▮

यह स्थिति दर्शाती है कि हमारा चेतन मन दुरुस्त व नियंत्रित स्थिति में कार्य कर रहा है। यह स्थिति तार्किक

विचार, विश्लेषण व निर्णयन की स्थिति है। इस स्थिति में हम बोलते, खाते, पीते व अन्य कार्य करते हैं।

उपरोक्त विश्लेषण के बाद वैज्ञानिक मानने लगे हैं कि हर कल्पना से एक विद्युत आवेश व मस्तिष्क रसायन उत्पन्न होता है, इसलिए प्रत्येक विचार जो हमारे मस्तिष्क में आता है, वह अपना कोई न कोई असर छोड़ कर जाता है, उनसे उत्पन्न होने वाला विद्युत आवेश व मस्तिष्क रसायन हमारे मन व शरीर पर प्रभाव डालेगा। अगर विचार सकारात्मक है, तो उसका प्रभाव भी सकारात्मक होगा, इसलिए हमें सकारात्मक विचारों के अनुपात को बढ़ाना है।

कुछ लोगों को आशा रहती है कि भाग्य आएगा और एक चांदी की थाली में परोस कर वह सब कुछ देगा, जो वे चाहते हैं बिना किसी प्रकार का प्रयास किए, वे सब कुछ पाना चाहते हैं। हमें अपने मानसिक व नैतिक आधार पर खड़ा होना पड़ेगा और व्यक्तिगत रूप से उन सभी घटनाओं या वस्तुओं को 'ना' कहना होगा, जिन्हें हम जीवन में नहीं आने देना चाहते।

हमें स्पष्ट रूप से कहना होगा, 'नहीं, मुझे नहीं चाहिए यह सब कुछ।' आपको विश्वास नहीं है, तो कृपया अपने मन में तीन बार दोहराएं, 'आज के बाद मेरे साथ वह नहीं होगा, जो मैं नहीं चाहूंगा' और यह बात दिमाग में आते ही परेशानियां रुक सी जाती हैं। हां, यह सच है कि हमें यह निर्णय लेते ही कुछ परेशानियों या विपरीत मतों का सामना करना पड़ सकता है, लेकिन अगर हम इस निर्णय पर डटे रहते हैं, तो उसी क्षण से जिस वक्त हम यह निर्णय लेते हैं, हम परेशानियों को दूर भगाने लायक हो जाते हैं। निर्णय हमेशा चुंबकीय होते हैं, जैसे ही हम चिंता को रोकने का निर्णय लेते हैं, वैसे ही चुंबकीय गुण कार्य करने लग जाते हैं।

'दुनिया क्या कहेगी, वे क्या सोचेंगे' की चिंता मत करो। अगर दुनिया हम पर हंसे, तो जेम्सवॉट को याद कीजिए, जिन पर दुनिया हंसी थी। हां, दुनिया हंसी थी उन पर और

उनकी भाप की केतली पर, लेकिन उन्हें विश्वास था और वे अपने उस कार्य में लगे रहे और दुनिया को लोकोमोटिव इंजन बना कर दिखा दिया। बेल मार्कोनी पर भी लोग हंसे थे, यहां तक कि उनके पिता भी उन पर हंसे थे। उनके पिता चाहते थे कि वे संगीत का अध्ययन करें। लेकिन मार्कोनी को स्वयं पर विश्वास था और उन्होंने विद्युतीय उपकरणों पर अपने परीक्षण जारी रखे। एक दिन तो उनके पिता ने उनके औजारों को खिड़की से बाहर तक फेंक दिया। लेकिन मार्कोनी ने परवाह नहीं की, कि दुनिया क्या सोचती है और अपने विश्वास के परिणामस्वरूप स्वयं को दुनिया के महानतम अविष्कारकों में शामिल करवा लिया।

लिंकन, फोर्ड, एडिसन व महात्मा गांधी को ही लीजिए, इन्हें स्वयं पर विश्वास था और इन्होंने चमत्कार कर दिखाया। इनके विश्वास ने एक चमत्कार की रचना की और दुनिया उन्हें रोक नहीं पाई और यह बात हम सभी पर भी खरी उतरती है कि हम सब भी ऐसा कर सकते हैं, अगर हमारे अंदर यह कहने की हिम्मत है कि हां मैं कर सकता हूं और मैं करूंगा। संपूर्ण बात को दोहराते हुए मैं आपसे कहूंगा कि हम एक संपूर्ण ऊर्जा हैं, एक आग हैं, और यह आग उस स्टोव की आग की तरह है, जिसे पूर्ण वेग से प्रज्वलित करने के लिए क्रमशः पंप करना होता है, चिंगारी लगानी होती है, इंतजार करना होता है, फिर पंप करना होता है, तब कहीं जाकर आग पैदा होती है। यह आग बाजार में नहीं मिलती, बाजार में मिल सकता है स्टोव, केरोसिन, बत्तियां, माचिस, परंतु आग हमें स्वयं को पैदा करनी होगी। हमें अपनी बैटरी सकारात्मक सोच तथा कार्य से चार्ज करनी होगी। हम स्वयं पर विश्वास कर स्वयं की मानसिक दुनिया रच सकते हैं। विश्वास से हम असंभव प्रतीत होने वाले कार्य भी कर सकते हैं।

इस कला को जागृत करने की प्रक्रिया में जो सबसे अहम क्रम है, वह है प्रेम के उन्नत चरण को प्राप्त करना,

ठीक उसी प्रकार जैसे कि एक इंजीनियर अपने इंजन को प्यार करता है, एक विद्यार्थी अपनी किताबों को प्यार करता है। अगर हम स्वयं से प्यार करते हैं, तो अपनी सभी महत्त्वाकाक्षांओं से प्यार करेंगे। उन महत्त्वाकांक्षाओं को प्राप्त करने के लिए स्वयं में दीवानापन पैदा करेंगे और यह दीवानापन हमें तब तक बेचैन रखेगा, जब तक हम अपनी प्यारी वस्तु या महत्त्वाकांक्षा को प्राप्त नहीं कर लेते हैं। सफलता के लिए हृदय में प्रेम होना अति आवश्यक है।

प्रेम

प्रेम हमारे जीवन की सबसे सुंदर अभिव्यक्ति होती है तथा हम इसके द्वारा किसी के भी मन में स्थान बना सकते हैं।

जब 'जीवन की मशाल प्यार के तेल से ही जलती है', फिर क्यों हम लोगों से अपने प्रेम का इजहार नहीं कर पाते? क्यों लोगों की मदद नहीं करते? क्यों हम समाज को कुछ नहीं दे पाते? क्यों हम हमारे परिवार को कुछ नहीं दे पाते? क्यों हम स्वयं को कुछ नहीं दे पाते? इन सभी सवालों का एक ही जवाब है– प्रेम की कमी। हम अपने आप से बार–बार कहें, 'मैं हमेशा प्रेम से परिपूर्ण रहूंगा, अपने आस–पास की हर वस्तु/व्यक्ति से प्यार करूंगा।' इन वाक्यों को मन में दोहराने से हम प्रसन्नचित्त हो जाएंगे, उदास मन प्रफुल्लित हो जाएगा। महात्मा बुद्ध ने कहा है, 'जो कुछ भी आपके साथ घटित हो, उसे प्यार करें।' प्यार करें हर वस्तु से, प्यार करें उससे जो घटित हो रहा है, प्यार करें हर कार्य से, ऐसा करने से सभी कुछ अच्छा लगने लगेगा। चिड़िया के चहचहाने में संगीत सुनाई देगा और यह तभी होता है, जब हमारा मन प्रेम से लबालब हो। प्रेम हमें ऊंचा उठा देता है और फिर यह कला अपना कार्य करने लगती है।

एक मनोवैज्ञानिक नियम/सिद्धांत है कि 'हम अपने आपको स्वयं से अलग नहीं कर सकते'। अगर हम अपने आपको जानना चाहते हैं, तो हमें पुरानी बुरी आदतें और

पुराने संदेहों को एक ही झटके में फेंक देना होगा। स्वयं को पहचानने में प्रेम की महत्वपूर्ण भूमिका है। एक चींटी और एक फरिश्ते में कोई अंतर मत समझिए, 'जैसा मैं हूं वैसे सब हैं, जैसे वे है वैसा ही मैं हूं'। इस भावना के साथ प्रेम से अपने आपको लबालब कर लीजिए और यह तभी संभव है, जब हम सही दृष्टिकोण को अपनाएं और बिना इस दृष्टिकोण के चमत्कार होना मुश्किल है। स्वयं को पहचानने के लिए हमारे हृदय में प्रेम होना अति आवश्यक है। इस प्रकार के दृष्टिकोण को 'शुद्धता' से ही प्राप्त किया जा सकता है। और जैसे–जैसे हम इस दृष्टिकोण को प्राप्त करते जाते हैं, वैसे–वैसे ही हमें अपनी ही महत्वाकांक्षाओं का एहसास होने लगता है और हमारे अंदर एक शक्ति पैदा होने लगती है। हालांकि ऐसा हो सकता है कि इस तरह के दृष्टांत हमारे जीवन मे घटित न हुए हों, अगर फिर भी हम इस दृष्टिकोण पर विश्वास रखते हैं, तो शीघ्र ही हम सभी सपनों को साकार कर सकते हैं।

सफलता की रीतियों को आत्मसात करने के लिए हमें सबसे ज्यादा ध्यान प्रेम पर एकाग्र करना होगा, क्योंकि प्रेम ही हमारे हृदय की सबसे सुंदर अभिव्यक्ति है। सभी लोगों व सभी देशों को इसी अभिव्यक्ति पर चलना चाहिए। कोई नफरत नहीं, कोई डर नहीं, केवल प्यार ही प्यार। उदाहरण के लिए महात्मा बुद्ध को लीजिए, उन्होंने केवल प्रेम से अपने मत का चलन पूरे विश्व में कर दिया। उन्हें धर्म की स्थापना के लिए किसी आग या तलवार की जरूरत नहीं पड़ी, उन्होंने लाखों–करोड़ों लोगों के दिल को जीता और वह भी केवल प्रेम से। दुनिया में बौद्ध धर्म ही एक मात्र ऐसा धर्म है, जिसके लिए एक भी बूंद खून नहीं बहाया गया (हम यहां पर बौद्ध धर्म का प्रचार नहीं कर रहे हैं, वरन् यह कहना चाहते हैं कि प्रेम में कितनी शक्ति है)। यदि हम सभी को प्यार करते हैं, अपने हदय को प्रेम से भर लेते हैं, तो हम स्वयं को खुले दिमाग का व खुशमिजाज व्यक्ति पाते हैं। हर चीज में हमें

रंग दिखाई देने लगता है, हमें अपने कार्य से भी प्यार हो जाता है और जब हम अपने कार्य से प्यार करने लग जाते हैं, तो हमें और ज्यादा कार्य करने में मजा आने लगता है। हमें आराम व छुट्टी की जरूरत नहीं पड़ती है, हमें कार्य में ही विश्राम महसूस होने लगता है। आज प्रेम पूर्वक अपने किसी भी विषय का अध्ययन करिए (प्रेम पूर्वक अध्ययन करिए)। देखिए, जिसमें अब तक आप ऊब जाते थे, उसमें आपको आनन्द आने लगेगा। प्रेम करिए, अपने समाज से, प्रेम करिए अपने लक्ष्यों से, प्रेम करिए सफलता से। अपने लक्ष्यों से इतना प्रेम करिए कि उसके लिए बेचैन हो जाएं, दीवाने बन जाएं। अपने लक्ष्यों को प्राप्त करने के लिए ऐसा दीवानापन हो कि कुछ भी करने के लिए छटपटा जाएं। फिर देखिए मंजिल कितनी पास नजर आएगी।

परिवर्तन

जीवन का आशय है परिवर्तन व जीवन का दूसरा नाम है कला, और कला ही वह तत्व है, जो परिवर्तन करती है। अतः परिवर्तन ही वह तत्व है, जो हम इस दुनिया में प्राप्त करना चाहते हैं। हम चाहते हैं गरीबी के बदले संपन्नता (गरीबी परिवर्तित होती है संपन्नता में)। हम चाहते हैं कुरूपता के बदले सुंदरता, साइकिल के बदले मोटरसाइकिल, मोटरसाइकिल के बदले कार, मकान के बदले बंगला। हम जो भी चाहते हैं, वह केवल परिवर्तन है और ये सभी परिवर्तन हमारे जीवन में तभी आते हैं, जब हम स्वयं को परिवर्तित करते हैं। तो आइए, सीखें परिवर्तन की कला को, क्योंकि यह कला साधारण को असाधारण में परिवर्तित करेगी। तो यह सब कैसे होगा? हमें सबसे पहले हमारी सोच को परिवर्तित करना होगा एवं हमारे नजरिए को परिवर्तित करना होगा और यह सब हमें स्वयं करना होगा, यह कार्य हमारे लिए कोई दूसरा नहीं कर सकता।

यह पुस्तक हमें तरीके तो बता सकती है, लेकिन यह कला तो हमें स्वयं जगानी होगी। शायद अब तक किसी घटना ने हमें परिवर्तित नहीं किया हो, लेकिन यह पुस्तक हमें बदल सकती है, बशर्ते हम इसे संजीदगी से लें व परिवर्तन के लिए तैयार रहें। हो सकता है यह पुस्तक हमें हमारी जिंदगी के सही रास्ते की तरफ ले जाए, जैसे जोन बनयान बाइबल पढ़ने के बाद अंग्रेजी के महानतम् लेखकों में शामिल हो गए। कौन जानता है कि हमारे जीवन का परिवर्तन बिंदु (टर्निंग पाइंट) शायद अब आने ही वाला हो। यहां दिमाग पर जोर डालकर देखें कि हमारे जीवन की पिछली सभी बातों में मुख्य था परिवर्तन। परिवर्तन ही हमारा मूल्य बढ़ाएगा, अतः हम हर अच्छे परिवर्तन को अपने अंदर लाने की कोशिश करें और स्वयं को भीड़ से अलग कर कुछ परिवर्तन लाएं। हममें वह साहस होना चाहिए कि हम उदास जिंदगी से भी लड़ सकें। भिन्न होना या परिवर्तित होना एक कला है। यहां यह आशय नहीं कि भिन्न होने के लिए हम अपने परिवार को, अपने दोस्तों को झुंझला दें। किसी–किसी परिस्थिति में ऐसा हो भी सकता है, लेकिन सुनें सब की और करें मन की, और अभी से ही हमें अपनी सोच, बोलचाल, हावभाव आदि सभी को धनात्मक रूप में परिवर्तित करना है।

क्या शाम को हम थक जाते हैं? झुंझला जाते हैं? ऊब जाते हैं? और अगर हमारे साथ ऐसा होता है, तो हमें बदलना ही होगा, अन्यथा उपरोक्त बातें बढ़ती ही चली जाएंगी और जीवन में निराशा व असफलता ही हाथ लगेगी। सच तो यह है कि हम रोजमर्रा की जिंदगी से तंग आ गए हैं। वही स्कूल–कॉलेज जाना, वही कोर्स की किताबें पढ़ना, वही धीमा माहौल, वही सब कुछ पुराना–पुराना। हम चाहते हैं परिवर्तन ▮▮▮▮▮ स्वतंत्रता। स्वतंत्रता इस बात की कि हम चाहे जैसा करें। हम चाहते हैं कि कुछ नया हो, कुछ अच्छा हो क्योंकि कार्य करना, खाना खाना और सो जाना, यह क्रम

हमारी दिनचर्या को नीरस बना देता है। एक छोटे से परिवर्तन से शुरू करें, स्कूल/कॉलेज/ऑफिस नए रास्ते से जाएं। इससे हम नये चेहरे, नई इमारतें, नये रास्ते देखेंगे। खाना जगह बदल कर खाएं, कोर्स की किताब की जगह कोई नई किताब पढ़ें, न्यूज पेपर को पीछे से आगे की तरफ पढ़ें, अपने सीधे हाथ की जगह उल्टे हाथ को काम में ले यानी कि अपने आपको पूरी तरह से इस परिवर्तन के लिए तैयार कर लें। 'रूटीन लाइफ' के गुलाम न बनें और उसमें कुछ परिवर्तन ▮▮▮▮ लाएं। हम थके हुए तभी होते हैं, जब हम वस्तुओं से ऊब जाते हैं। हमें अपनी जिंदगी के तरीके में परिवर्तन लाना होगा और वह भी सही तरीके से, सही दिशा में कुछ नया करने की कोशिश करनी होगी। अभी, दोबारा और हर रोज करनी होगी।

हर बात को परिवर्तित कीजिए। आप जो अब तक करते आ रहे हैं, उसमें फेरबदल करिए। अब तक जिन वस्तुओं को जिस जगह काम लेते आ रहे हैं, उनकी जगह बदल दीजिए। नए ढंग से कपड़े पहनिए यानी कि अपने आपको पूर्ण रूप से परिवर्तित कीजिए। जिससे हम अपने व्यक्तित्त्व को बदल सकें। हमें कुछ भी नया हासिल करने के लिए परिवर्तन करना होता है। आज हमारी मानसिक स्थिति जो भी है, चाहे वह कितनी भी सही क्यों न हो, हमें उसमें परिवर्तन लाना होगा। परिवर्तन वह भी कुछ अच्छे व नए के लिए। अगर हम परिवर्तन का चमत्कार अपने जीवन में चाहते हैं और अपनी वर्तमान स्थिति को बदलना चाहते हैं, तो हमें स्वयं में परिवर्तन लाना होगा। अगर हम आज भी जैसे हैं वैसे ही बने रहे, तो हम स्वयं ही अनुभव कर सकते हैं कि हम आज जहां हैं, वहीं बने रहेंगे। संशय मत कीजिए, परिवर्तित कीजिए अपने आपको, क्योंकि जब तक हम स्वयं को बदलने के लिए तैयार नहीं होंगे, तब तक दुनिया का कोई भी सेमिनार, व्याख्यान एवं पुस्तक हमें नहीं बदल

सकती है। अब मैं मानता हूं कि हम इच्छित परिवर्तन के लिए तैयार हैं क्योंकि परिवर्तन ही स्वयं को पहचानने का अवसर प्रदान करता है।

अगर हम वास्तव में परिवर्तन लाना चाहते हैं, तो हमें यह परिवर्तन 'कुछ शामिल कर' या 'कुछ हटाकर' लाने होंगे। यहां शामिल करने से आशय कुछ नया सीखने से है व हटाकर से आशय कुछ छोडने से है। परिवर्तन जरूरी है, लेकिन परिवर्तन अच्छे के लिए हो, इसके लिए हमें कुछ छोड़ना पड़ता है, कुछ मिटाना पड़ता है और परिवर्तन के लिए हमें कुछ नया भी सीखना होता है। उदाहरण के लिए अच्छी सेहत के लिए हमें आलस्य को छोड़ना पड़ता है और अच्छे ज्ञान के लिए हमें अध्ययन को या परिश्रम को अपनाना होता है। इन्हीं दोनो बातों को ध्यान में रखते हुए हम स्वयं में परिवर्तन लाएंगे, कुछ प्राप्त करेंगे और कुछ छोड़ेंगे। और हम परिवर्तित हो जाएंगे एक सफल व सकारात्मक व्यक्तित्त्व में और जब हमारे व्यक्तित्त्व में परिर्वतन आएगा, तो निश्चित ही हमारी कार्यशैली में भी परिवर्तन आएगा, और ये परिवर्तन ही हमारा माहौल, हमारी सोच, हमारी कार्यशैली, हमारी आज की परिस्थितियों आदि सभी को परिवर्तित कर देगा। इसलिए संशय मत कीजिए और आज ही से शुरुआत कीजिए।

इस पुस्तक के अंत में कुछ कार्यशालाऐं एवं योजनाएं दी गई हैं, उन योजनाओं को अमल में लाने के लिए आज से ही स्वयं में परिवर्तन कीजिए।

सही प्रवृत्ति

हम जो आज हैं, वह हमें हमारी आदतें ही बनाती हैं। अगर हम स्वयं को उत्साहित, आकर्षक, संपन्न व सफल नहीं पाते हैं, तो इसका कारण है हमारी आज की आदतें। तो क्यों न अब हम इन आदतों को परिवर्तित करने का प्रयास करें। सही

प्रवृत्तियों के चमत्कार के लिए हमें अपनी आदतों में परिवर्तन करना होगा। गरीबी व असफलता हमारी गलत सोच व आदत का ही परिणाम होती है। अगर हमारे शब्दकोश में नकारात्मक शब्द ज्यादा हैं, तो सिवाय असफलता के हमें क्या मिलना है? इसलिए इस आदत को छोड़िए और सकारात्मक आदतों व शब्दों को सोचिए व उन्हें काम में लीजिए। जब हम सकारात्मक शब्दों को चाहने लगते हैं, तो शब्दों का चुनाव बड़े सोच समझकर करते हैं और इन्हीं सकारात्मक शब्दों का जादू हमारे मन में जागृत होता है। हमें इस निराश जीवन में अवसर ही अवसर दिखते हैं। इसलिए सकारात्मक शब्दों को चुनिए व सकारात्मक शब्दों को ही काम में लेने की आदत डालिए अर्थात् सकारात्मक दृष्टिकोण बनाइए। भूल जाइए कि हम क्या गलतियां करते आए हैं और ध्यान केंद्रित कीजिए उस अवसर पर, जो हमारे सामने खड़ा है। सकारात्मक शब्द बोलने की आदत से हम अपने अंदर सुप्त प्रवृत्तियों को जगी हुई पाते हैं। सारी दुनिया का ज्ञान भी हमारे अपने अंदर शिथिल पड़ी प्रवृत्तियों को नहीं जगा सकता, जब तक हम सही व सकारात्मकता को काम में लाने की आदत विकसित नहीं करते। क्योंकि सकारात्मक शब्द ही हमारी सोच को सकारात्मक बनाते हैं। स्व. पृथ्वीराज कपूर प्रारंभ में जब एक नाटक में हिस्सा ले रहे थे, तो उन्हें एक शराब पीए हुए व्यक्ति की भूमिका निभानी थी और वह इस भूमिका को अभिव्यक्त नहीं कर पा रहे थे। हर बार कहते थे कि नहीं मैं नहीं कर पाऊंगा, तब उनके निर्देशक ने कहा, 'अरे एक बार बोलकर तो देख कि मैं कर सकता हूं' और उन्होंने ऐसा सोचकर वह अभिनय कर दिखाया। इसके बाद उन्होंने इस आदत से भारतीय सिनेमा जगत में एक विशिष्ट पहचान बनाई।

जब तक हम किसी विषय पर नकारात्मक होते हैं, तो हम उस कार्य को नहीं कर पाते हैं और हर बार कहा गया

नकारात्मक शब्द हमारा अवचेतन मन गिनता चला जाता है, दर्ज करता चला जाता है और उन शब्दों को संग्रहित कर लेता है। वह इन शब्दों को तब काम में लेता है, जब हम कुछ करने वाले होते हैं, परिणामस्वरूप हम असफल हो जाते हैं।

हमारी आदतें हमारा पीछा करती हैं, हमें घेर लेती हैं और हम पर हावी हो जाती हैं। जैसे–जैसे समय बीतता चला जाता है, ये खराब आदतें और बढ़ती चली जाती हैं। अगर हम यह कला अपने स्वयं के लिए काम में नहीं लेना चाहते हैं, तो यह मानकर चलिए कि अभी भी हम नकारात्मक शब्दों से घिरे हैं। इसी क्षण के पश्चात् मैं आपको हंसते हुए एक आशावादी व आत्मविश्वासी व्यक्ति के रूप में देखना चाहता हूं। छोड़ दीजिए खराब आदतें, इससे कोई फर्क नहीं पड़ता कि हम किस बुरी आदत को छोड़ना चाहते हैं। और प्रयास करें, क्योंकि कुछ करने से ही कुछ प्राप्त होता है। सभी बहाने छोड़िए और कहिए कि 'हां, यह मैं कर सकता हूं, मैं छोड़ सकता हूं अपनी सभी बुरी आदतों को, मैं छोड़ दूंगा आलस्य को, बहानेबाजी को, टाल–मटोल को और सीखूंगा आज ही से नई अच्छी आदतें, सुबह जल्दी उठने की, हर काम को सही समय पर करने की, अनुशासित रहने की, हर अच्छे काम को सीखने की तथा सकारात्मक व रचनात्मक कार्य करने की।' अब आंखें बंद कीजिए व सोचिए कि उपरोक्त सभी अच्छी आदतें आपमें आ गई हैं और आप एक नये संसार में प्रवेश कर रहे हैं। तो क्या आप इसे सोचने मात्र से ही स्वयं को प्रफुल्लित महसूस नहीं कर रहे? तो सोचिए, अगर ऐसा वास्तव में होगा तो हम एक सुदृढ़ व्यक्तित्त्व के मालिक बन, मनोवांछित सफलता को प्राप्त कर सकेंगे। जिस आदत को हमें सर्वप्रथम अपनाना है, वह है सुबह जल्दी उठने की आदत। क्योंकि जिन लोगों ने तरक्की की है, सभी जल्दी उठने वाले लोग होते हैं। उन लोगों के लिए उनका दिन सुबह पांच बजे शुरू होता है और रात 12 बजे खत्म होता है।

इसका अर्थ यह हुआ कि उन्हें क्रियात्मकता व कार्यशीलता के लिए अधिक समय मिलता है तथा वे आम लोगों से अधिक समय का उपयोग करते हैं।

इसके बाद आता है हमारा स्वास्थ्य, क्या हम स्वास्थ्य के प्रति जागरूक हैं? सही आदतें हमारे स्वास्थ्य व हमारी ताकत को बढ़ाती हैं। हमारा अवचेतन मन हमारी रोजमर्रा की आदतों से नियंत्रित होकर हमें उसके अनुरूप ही परिणाम देता है, चाहे वे हमारे द्वारा पसंद किए जाएं या नहीं। चाहे हमारे होंठ यह बोलते हों कि मुझे एक बलिष्ठ शरीर चाहिए, लेकिन हम धूम्रपान, मदिरापान या आलस्य में ज्यादा रुचि रखते हैं, तो हमारा अवचेतन मन हमारे शब्दों व कर्मों को तोलकर हमें सिवाय कमजोर व ढीले–ढाले शरीर के अतिरिक्त क्या देगा? अगर हमारी कथनी व करनी में अंतर होगा, तो हम कैसे सुंदर शरीर के मालिक बनेंगे? इसलिए हमे अपनी आदतों व सोच में बदलाव लाना होगा। अच्छे शरीर के लिए अनुशासन, पर्याप्त भोजन व अच्छे विचारों की आवश्यकता होती है। अपने दिमाग पर यह प्रभाव डालिए कि हम यह प्रक्रिया अपनाने वाले हैं। अपनी गर्दन सीधी कीजिए, अपनी मांसपेशियों में तनाव लाइए, जोर से गहरी सांस लीजिए और तैयार हो जाइए अपनी जिंदगी का मालिक बनने के लिए। स्वयं को एक करिश्माई व्यक्तित्त्व के रूप में देखिए और जो मानसिक तस्वीर (स्वयं की) बना रहे हैं उसके मुख्य बिंदु लिख लीजिए और इसे रोज पढ़िए, इसे अपनी आदत में शामिल कर लीजिए।

जो कुछ भी हम प्राप्त करते हैं, प्यार, पैसा या ख्याति, क्या उसमें से हम कुछ वापस देते हैं? क्या हम अपनी जेब खर्च में से कुछ रुपए गरीबों के लिए बचाते हैं? क्या हम विद्यार्जन के बदले में धन के अतिरिक्त अपने विद्यालय को कुछ देते हैं? क्या हम इस समाज को कुछ देते हैं? क्या हम इस देश को कुछ देते हैं? अब यह ना सोचिए कि हमारे पास

देने के लिए क्या है? हमारे पास सब कुछ है। धनवानों का एक सामान्य नियम है कि 'जब धन दिया जाता है तो अधिक धन आता है।' वे अपने धन का कुछ भाग हमेशा अच्छे कार्यों में लगाते हैं। हम भी यह आदत बनाएं, अपनी जेब खर्च में से कुछ भाग गरीबों व असहायों के लिए अवश्य बचाएं और यह न कर सकें, तो सामाजिक कार्यों में श्रमदान करेंगे, ऐसा करने से प्रत्यक्ष या परोक्ष रूप से हम लोगों व समाज को प्यारे लगने लग जाते हैं। हमारा महत्त्व बढ़ जाता है और हमें अच्छे व्यक्तियों का साथ मिलता है, जो हमारे लक्ष्य प्राप्ति में हमारा मार्गदर्शन भी कर सकते हैं।

सही प्रवृत्तियों का असर तभी होता है, जब हमें अच्छी प्रवृत्तियां डालने की आदत हो, क्योंकि बुरी आदतों को ना अपनाना उन पर काबू पाने से ज्यादा आसान है। अच्छी व उम्दा आदतों के लिए हमें मन लगाकर प्रयास करना होगा, जब तक कि वे हमारी दैनिक दिनचर्या में शामिल न हो जाएं।

समय

हम यह बात दिन में कई बार कहते हैं और सुनते हैं कि 'समय नहीं है।' हमसे जब कुछ नया करने के लिए कहा जाता है, तो सबसे पहला जवाब होता है 'करना तो चाहते हैं, किंतु समय नहीं है।' यह बहाना सभी आम लोगों के साथ पाया जाता है। जो लोग ऐसा कहते हैं, उनकी दिनचर्या का अगर मूल्यांकन किया जाए, तो वे अपना अधिकांश समय सोने, खाने–पीने, व्यर्थ की बातों, टेलीविजन देखने व मनोरंजन में बिताते हैं। अच्छे काम के लिए उनके पास समय का हमेशा अभाव होता है। महात्मा गांधी, स्वामी विवेकानन्द, अब्राहम लिंकन भी अगर ऐसा सोचते, तो क्या हम उन्हें सफलता के शिखर पर देख पाते? जबकि उनके पास भी दिन में मात्र 24 घंटे ही थे। तो आइए, हम शॉपिंग, पार्टियां,

सिनेमा, मनोरंजन, नींद, गपशप व अन्य रचनात्मक कार्यों में से स्वयं के लिए समय निकालें।

जब हम समय का सम्मान करते हैं, तो समय हमारा सम्मान करता है और हमें हमारे आज के समय का सम्मान करते हुए स्व–विकास के लिए अथवा समय के उपयोग के लिए कुछ समय अवश्य निकालना होगा। हां, हम इस जीवन में जो कुछ भी करना चाहते हैं, उसके लिए समय निकालना होगा। हमें समय के चमत्कार को जानने के लिए समय निकालना होगा।

इस यात्रा में समय एक चमत्कारिक तत्व है। आज के इस भाग दौड़ व प्रतिस्पर्धा संसार में रोजमर्रा के कार्यक्रमों, सुबह से शाम तक की परेशानियों, छोटे–छोटे कार्यों में आने वाली बाधाओं व समय पर काम पूरे नहीं होने से हम परेशान हैं। फिर भी अगर हम स्वयं के लिए समय नहीं निकाल पाते हैं, तो क्या कोई चमत्कार हमारे जीवन में घटित होगा? अभी जिस ओर हम बढ़ रहे हैं, अगर उसी ओर बढ़ते रहें, तो निराशा को ही प्राप्त करेंगे। मशहूर शहनाई वादक बिस्मिल्लाह खां, बांसुरी वादक हरिप्रसाद चौरसिया ने शिखर पर पहुंचने के लिए कितना समय निकाला होगा? रेस के मैदान में जीतने वाले घोड़े पर या ओलंपिक प्रतिस्पर्धा में स्वर्ण पदक पाने वाले पर सबकी नजर होती है। हम यह नहीं देख पाते हैं कि इस विजय के लिए कितना समय दिया गया है (प्रशिक्षण के लिए)। अभी भी समय नहीं बीता है। इसलिए आइए, सर्वप्रथम हम अपनी दिनचर्या का मूल्यांकन करें और यह जानें कि हम दिनचर्या में कहां समय बर्बाद कर रहे हैं। हम दिन भर में किए जाने वाले कार्यों की एक सूची बनाएं और उसमें लगने वाले मानक समय (स्टैंडर्ड टाइम) को लिख दें और लगने वाले कुल समय का पूरे दिन (24 घंटों) से तुलना करें, तो हम पाते हैं कि दिन में कई घंटे व्यर्थ चले जाते हैं, तो क्यों न हम इस व्यर्थ गए समय का उपयोग करें।

समय का मूल्य कोई नहीं आंक सकता, क्योंकि समय अमूल्य है। क्या हमने कभी सोचा है कि जीवन के लक्ष्यों को प्राप्त करने के लिए हमारे पास कितना समय है। तो आइए, इस सारणी पर एक नजर डालते हैं। इस सारणी के अवलोकन के बाद हम यह जान पाएंगे कि हमारे पास कितना समय बचा है। इस सारणी में आयु का आकलन 70 वर्ष मानकर किया गया है।

अगर हमारी उम्र है	70 वर्ष में दिन बचे हैं	हमने दिन गुजार दिए
20 वर्ष	18250 दिन	7300 दिन
25 वर्ष	16425 दिन	9125 दिन
30 वर्ष	14600 दिन	10950 दिन
35 वर्ष	12775 दिन	12775 दिन
40 वर्ष	10950 दिन	14600 दिन
45 वर्ष	9125 दिन	16425 दिन
50 वर्ष	7300 दिन	18250 दिन
55 वर्ष	5475 दिन	20075 दिन
60 वर्ष	3650 दिन	21900 दिन
65 वर्ष	1775 दिन	23775 दिन
70 वर्ष	क्या हमने सही उद्देश्यों में जिंदगी गुजारी	25550 दिन

हमारे पास .... (अपनी उम्र के अनुसार रिक्त स्थान को भरें) दिन बचे हैं, तो अब हम बचे हुए दिनों में क्या करने वाले हैं। निस्संदेह ही हमें बचे हुए समय का सदुपयोग करना है।

क्या आपको कभी आश्चर्य हुआ है कि कुछ व्यक्ति, व्यापारी या देश दूसरों के मुकाबले ज्यादा कामयाब क्यों होते हैं?

हावर्ड यूनिवर्सिटी के विलियम जेम्स का कहना है, 'मेरी पीढ़ी की सबसे बड़ी खोज यह है कि इंसान अपने दृष्टिकोण में बदलाव लाकर अपनी जिंदगी को बेहतर बना सकता है।'

जीवन में सफल होने के लिए हमारी सोच का दृष्टिकोण सकारात्मक होना बहुत आवश्यक है, लेकिन बात केवल यहीं खत्म नहीं होती। महज सकारात्मक सोच के जरिए हम सफलता की सीढ़ियां नहीं चढ़ सकते। इसके लिए हमारी सोच सकारात्मक होने के साथ–साथ रचनात्मक भी हो।

दृष्टिकोण का महत्त्व

हावर्ड यूनिवर्सिटी द्वारा किए गए एक सर्वेक्षण का निष्कर्ष है कि किसी भी कार्य की सफलता में सबसे बड़ा योगदान कर्ता के दृष्टिकोण की होती है, कार्यशैली व ज्ञान की हिस्सेदारी मात्र सहायक होती है। जबकि हम सभी मुख्य तत्व के बजाय सहायक तत्वों पर अधिक बल देते हैं।

पिछले दो दशकों में युवाओं में नकारात्मक दृष्टिकोण काफी हावी हुआ है। इसकी वजह बढ़ती उपभोक्ता संस्कृति

व सोच पर हावी होते विज्ञापन हैं। खासकर टेलीविजन के जरिए युवाओं के मन पर एक स्वप्निल भविष्य का ताना–बाना बुना जाता है। जिसके पुराना होने पर वे अपना जीवन व्यर्थ समझने लगते हैं। पिछले कई समय में बिना कुछ किए लाखों करोड़ों बांटने वाले के कई धारावाहिकों ने युवाओं के मन पर काफी नकारात्मक प्रभाव डाला है। उनके मन में यह धारणा बैठने लगी है कि बिना कुछ किए आदमी लाखों करोड़ों रुपए कमा सकता है। लेकिन वास्तविक जीवन में जब ऐसा नहीं होता, तो उनके अंदर हीन भावना भरने लगती है। उनका किसी कार्य में मन नहीं लगता। वे कुछ करते भी हैं, तो उसका परिणाम रचनात्मक न होकर विध्वंसक होता है। बात–बात में तो नकारात्मक दृष्टिकोण अपना लेते हैं और नकारात्मक दृष्टिकोण के कारण कुछ भी नहीं कर पाते हैं।

सकारात्मक दृष्टिकोण सफलता की गाड़ी में ईंधन का कार्य करता है। चाहे परिस्थितियां, सामर्थ्य, साधन हमारे पक्ष में क्यों न हों, अगर दृष्टिकोण नकारात्मक है, तो उपरोक्त कोई परिणाम नहीं देते, परंतु इसके विपरीत दृष्टिकोण सकारात्मक हों, तो परिस्थितियां व साधन अपने आप हमारे अनुकूल होते जाते हैं और हम मनोवांछित परिणाम प्राप्त करने लग जाते हैं। हमें यह कभी नहीं भुलना चाहिए कि हमारी मनोवृत्ति ही हमारी ऊंचाईयों को निर्धारित करती है। अगर हम किसी कार्य में असफल भी हो गए हैं, तो यह याद रखें कि जीवन के हर मोड़ पर प्रकृति का सफलता सिद्धांत कार्य करता है, जिसके चलते हम प्राणदायक वायु प्राप्त करने में सफल हो जाते हैं। जब जीवन की सबसे अधिक मूल्यवान वस्तु को कोई भी असफलता हमसे दूर नहीं कर सकती, तो हमें निराश होने की कोई आवश्यकता नहीं है। बस, हमें अपने दृष्टिकोण को सकारात्मक बनाए रखना है और सफलता प्राप्त करने में जुट जाना है, क्योंकि कोई भी मेहनत कभी भी व्यर्थ नहीं जाती है।

नकारात्मक सोच के शिकार व्यक्तियों को ऐसे दोस्तों से दूर रहना चाहिए, जो वैचारिक स्तर पर उनकी मदद नहीं कर सकते। ऐसे व्यक्तियों को चाहिए कि वे व्यर्थ न बैठें। टी. वी. से जितना दूर रहें, उतना अच्छा तथा एक बेहतर उपाय यह भी है कि वे नियमित रूप से व्यायाम करें। अनुसंधानों के अनुसार व्यायाम करने से कई तरीके के हारमोन सक्रिय हो जाते है। जो हमारी सोच पर सकारात्मक प्रभाव डालते हैं। हमें जिंदगी में सफलता पाने के लिए अपनी सोच को सकारात्मक बनाना बहुत जरूरी है। हमें यह कभी नहीं भूलना चाहिए कि हमारी मनोवृत्ति हमारी ऊंचाइयों को इंगित करती है।

हम थर्मोस्टेट हैं या थर्मामीटर?

थर्मामीटर और थर्मोस्टेट के बारे में हम सभी ने सुना है। थर्मामीटर कुछ भी नहीं बदलता, कोई परिवर्तन नहीं करता, वह केवल नजर रखता है या वातावरण में होने वाले परिवर्तन को बता सकता है। थर्मामीटर के नियंत्रण में कुछ नहीं होता। बहुत से लोग थर्मामीटर की तरह होते हैं जो किसी वस्तु को नहीं बदल सकते। वे केवल उनके व दूसरे के साथ घटित होने वाली घटनाओं को देख सकते हैं। लेकिन उन घटनाओं को बदल नहीं सकते। वह उन घटनाओं से प्रभावित होते हैं, उन घटनाओं से पीड़ित होते हैं। फिर भी उन घटनाओं पर उनका कोई नियंत्रण नहीं होता। घटना के प्रभाव को वो नाप सकते हैं, पर घटना को बदल नहीं सकते। लेकिन कुछ लोग थर्मोस्टेट की तरह होते हैं, जो वातावरण पर नजर भी रखते हैं और नियंत्रण भी। वे किसी भी घटना के प्रभाव को तुरंत आंक लेते हैं और वह घटना अगर पूर्व में निर्धारित योजना के अनुरूप न हो, तो उस माहौल को नियंत्रित भी कर लेते हैं। वे केवल प्रभाव को नजर में नहीं लाते, वरन प्रभाव को बदल भी सकते हैं। हममें से कुछ लोग थर्मामीटर की तरह अभिव्यक्ति देते हैं और कुछ लोग

थर्मोस्टेट की तरह। थर्मोस्टेट नियंत्रण रखता है, जबकि थर्मामीटर केवल नजर रखता है। यह हमारा दृष्टिकोण है कि हम थर्मोस्टेट बनना चाहें या थर्मामीटर। यह बात तो निश्चित है कि हमारे वातावरण को दूसरे तब तक नियंत्रित नहीं कर सकते, जब तक हम उन्हें इस बात की स्वीकृति न दें। यह स्वीकृति मौन, स्पष्ट या अस्पष्ट हो सकती है। लेकिन अगर हम स्पष्ट रूप से इस कार्य को करने की अर्थात् वातावरण को अपने हाथ में लेने की सोच रखते हैं, तो वातावरण को हम प्रभावित व नियंत्रित कर सकते हैं। यह हमारा दृष्टिकोण है कि हम दूसरों के द्वारा नियंत्रित किए जाएं या हम खुद को स्वयं नियंत्रित करें। यह हमारा अपना विकल्प है और हम इस विकल्प में चुन सकते हैं कि हमें थर्मोस्टेट बनना है या थर्मामीटर। इसलिए हम थर्मोस्टेट बनें और थर्मामीटर की तरह रोजमर्रा की घटनाओं पर सिवाय अभिव्यक्ति व्यक्त करने के कुछ नहीं कर पाने की मजबूरी का बहाना न करें। कुछ करके दिखाएं, कुछ अपने लिए, कुछ दूसरों के लिए, कुछ समाज के लिए। हमें आज से अपनी सोच में परिवर्तन करना है। हमें स्वयं के नियंत्रण में रहना है हमें दूसरों को नियंत्रित करना है, थर्मोस्टेट की तरह।

विजेता का दृष्टिकोण

एक नोट बुक कंपनी थी, जो कि अपने बाजार और व्यवसाय को आगे बढ़ाना चाहती थी। उसके प्रमुख प्रबंधकों ने एक पिछड़े, छोटे और गरीब देश में बाजार की संभावनाओं को जानने के लिए बाजार विशेषज्ञों (मार्केटिंग प्रोफेशनल्स) की एक टीम को कार्य सौंपा। दो महीने बाद उन विशेषज्ञों ने अपने अध्ययन से एक रिपोर्ट कंपनी को भेजी। उनकी रिपोर्ट थी कि इस देश में व्यापार के अवसर नहीं हैं तथा यहां कोई बाजार नहीं है, क्योंकि यहां नोट बुक इस्तेमाल ही नहीं की जाती है और सभी बच्चे व बड़े स्लेट का ही उपयोग करते हैं।

इसी प्रकार एक अन्य नोट बुक कंपनी ने भी एक बाजार विशेषज्ञों की टीम वहां अध्ययन के लिए भेजी। उन्होंने भी दो महीने बाद कंपनी को रिपोर्ट सौंपी, जिसका निष्कर्ष था कि यह जगह एक बहुत बड़ा बाजार है और यहां अत्यधिक संभावनाएं है, क्योंकि यहां किसी के पास नोट बुक नहीं है। अगर इन्हें नोट बुक के लाभ तथा उसे इस्तेमाल करने का तरीका बता दिया जाए, तो यहां बहुतायत में नोट बुक बिक सकती है तथा नोट बुक के अतिरिक्त यहां पेन व पेंसिल भी बेचे जा सकते हैं। यह इस विजेता टीम का दृष्टिकोण था।

सकारात्मक दृष्टिकोण के लाभ

सकारात्मक दृष्टिकोण से हमें कई लाभ हैं, जिन्हें हम आसानी से पहचान सकते हैं, परंतु फिर भी हम इनका अनुभव करने से कई बार वंचित रह जाते हैं। सकारात्मक दृष्टिकोण जब हमारे जीवन में आता है, तो हमारे शरीर व मन दोनों पर ही अच्छा प्रभाव डालता है और हमें निम्न लाभ प्रदान करता है।

1. हमारी कार्य क्षमता में वृद्धि करता है।
2. मन को प्रेम से भर देता है।
3. हमें समस्याओं से लड़ने की हिम्मत देता है।
4. हमें आकर्षक व्यक्तित्त्व का स्वामी बनाता है।
5. हमारे अंदर सद्गुणों का विकास करता है।
6. हमें अच्छे समाज का हिस्सा बनाता है।
7. जीवन के प्रत्येक चरण में सफलता दिलाता है।

नकारात्मक दृष्टिकोण से हानियां

जिन व्यक्तियों के पास सकारात्मक दृष्टिकोण नहीं होता, वे यह समझते हैं कि उनमें न कोई योग्यता है, न कोई गुण है तथा उनमें बुद्धि का अभाव है। वे कई तरह की भ्रांतियों, भय, पूर्वग्रहों से ग्रसित रहते हैं, वास्तव में ऐसे व्यक्ति समाज व दूसरों से ज्यादा खुद से परेशान होते हैं। खुद ही एक समस्या होने

के कारण हमेशा समस्या का हिस्सा बनें रहते हैं, न कि निवारण का। नकारात्मकता के प्रमुख लक्षण निम्न हैं:

1. बात–बात पर निराश होना।
2. छोटी सी समस्या को बढ़ाकर देखना।
3. हर बात में नाराज हो जाना। हमेशा दुःखी रहना।
4. शरीर व मन दोनों के स्वास्थ्य पर बुरा असर डालना।
5. समाज व देश के प्रति सबसे कम वास्तविक योगदान (केवल शाब्दिक योगदान)।
6. हर वस्तु की आलोचना।
7. असफलता दर असफलता।

सफलता हेतु दृष्टिकोण
सफलता बनाम विफलता

सफल	विफल
उपलब्धियों को देखता है।	तकलीफों को देखता है।
संभावना को तलाशता है।	देखता है कि क्या असंभव है।
हर किसी पर विश्वास रखता है।	विश्वास रखता है कि उसे सभी धोखा देंगे।
भविष्य को देखता है।	भूतकाल को देखता है।
बोलने के पहले सोचता है।	बोलने के बाद सोचता है।
नम्रता के साथ अपने ठोस तर्क पेश करता है।	कड़े शब्दों में कुतर्क करता है।
अपने सिद्धांतों पर टिका रहता है, परंतु छोटी–मोटी बातों पर समझौता कर लेता है।	छोटी–मोटी बातों पर अड़ा रहता है और अपने सिद्धांत पर समझौता कर लेता है।
सहानुभूति के इस विचार में विश्वास करता है कि दूसरों के साथ वैसा ही व्यवहार करो, जैसा तुम दूसरों से चाहते हो।	इस विचार में विश्वास करता है कि उसका व्यवहार चाहे जैसा हो, पर लोग उसके अनुकूल व्यवहार करें।
कुछ करके दिखाता है।	कुछ होने का इंतजार करता है।
योजना बनाकर जीत की तैयारी करता है।	बिना योजना बनाए सपने देखता है।

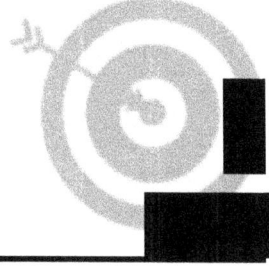

'सफलता' का आशय हर व्यक्ति या कार्य के अनुरूप बदल जाता है, परंतु यह बात शाश्वत सत्य है कि जीवन प्रकृति के हर पहलू व घटनाक्रम में 'सफलता' व्याप्त है। बिना 'सफलता' के कोई भी घटना घट नहीं सकती। यह बात पृथक है कि घटना मे कौन—सा पक्ष सफल हुआ है, परंतु किसी न किसी पक्ष को प्रत्येक घटना में सफलता अवश्य मिलती है।

हमारे मन में सफलता को लेकर कई प्रकार के विचार आते हैं। साधारणतया लोग धनी, प्रभावी, विख्यात, शक्तिशाली को सफल मानते हैं, परंतु यह सोच पूर्ण नहीं है। सफलता हमारे दृष्टिकोण व लक्ष्य पर निर्धारित करती है।

हमारे जीवन में निम्न आवश्यकताएं होती हैं –

■ प्राथमिक आवश्यकताएं – भोजन, आराम, आवाज, काम, सुरक्षा

■ सुरक्षात्मक आवश्यकताएं – डर से आजादी, खतरों से सुरक्षा

■ सामाजिक आवश्यकताएं – संगठन, सहयोग, दोस्ती, प्यार

■ अहम आवश्यकताएं – पहचान, गर्व, वर्ग, प्रशंसा, उपलब्धि

■ आध्यात्मिक आवश्यकताएं – वास्तविक पारलौकिक सुख, उच्चस्तरीय उपलब्धियां

उपरोक्त सभी आवश्यकताओं का क्रम निर्धारित है, फिर भी ये आवश्यकताएं क्रमवार होने से ज्यादा एक दूसरे में मिश्रित हैं और इन सभी चरणों को प्राप्त करना ही सफलता की मात्रा को निर्धारित करता है। 'पूर्ण सफलता' तभी प्राप्त हो सकती है, जब ये सभी चरण 'साध' लिए जाएं।

उपरोक्त सभी चरणों को जोड़ने या प्राप्त करने का माध्यम 'धन' बनता है। अधिकांश चरणों में हमें धन की प्राथमिक आवश्यकता होती है। और धन प्राप्त करने के लिए हमें कोई न कोई साधन चाहिए होता है। जिस प्रकार दूध को दही बनाकर और दही को बिलोकर घी प्राप्त किया जाता है, उसी प्रकार हम धन प्राप्त करने के लिए विभिन्न कर्म करते हैं। यहां जितना प्रभावी व उच्चस्तरीय हमारा कर्म होगा, उतना अधिक हम धन प्राप्त करते हैं। लेकिन यहां एक बात ध्यान में रहे कि सफलता के मूल में 'धन' नहीं है, परंतु चरणों को प्राप्त करने का साधन 'धन' है।

हम सभी अपने जीवन में सफल होना चाहते हैं, परंतु हममें से अधिकांश लोग आंशिक सफल ही हो पाते हैं। और इस आंशिक सफलता या आंशिक असफलता के कई कारण होते हैं, जिनका अध्यन हम इस अध्याय में करेंगे।

हम चाहे विद्यार्थी, पेशेवर, व्यवसायी अथवा कुछ भी हों, तब तक सफल नहीं हो सकते, जब तक हमने अपने लिए सफलता प्राप्त करने की मानसिकता एवं पथ नहीं बनाए हों। हमें सर्वप्रथम अपना क्षेत्र चुनना होगा, तत्पश्चात निर्धारित करना होगा कि उस क्षेत्र में सफलता प्राप्त करने के लिए हमें क्या–क्या, कब एवं कैसी क्रियाएं करनी हैं कि हम सफल हो जाएं।

सफलता को मन में संजोकर हम मनन करें, तो स्वयं पाएंगे कि अभी तक सफल व्यक्ति के जीवन में सफलता महज संयोग नहीं थी, कई घटनाओं का एकत्रीकरण या सभी

घटनाएं मात्र संयोग से इनके जीवन में नहीं घटी, वरन् उन्होंने स्वयं अपने परिश्रम, लगन व विश्वास से उन घटनाओं को मूर्त रूप दिया था। उन्होंने स्वयं उन घटनाओं का निर्माण किया था। भाग्य के भरोसे वे लोग नहीं बैठे रहे। हम यह भी देखेंगे कि वे एक के बाद एक सफलता अर्जित करते चले जाते हैं। जबकि कुछ लोग हमेशा या तो तैयारियों में जुटे रहते हैं या संघर्ष ही करते रह जाते हैं। सभी की अलग क्षमता होने के बाद भी उन्होंने एक अद्भुत घटना जो सभी के जीवन में एक सी थी, को जन्म दिया, अर्थात् सफलता को जन्म दिया।

यह सच है कि सभी की अपनी–अपनी क्षमता होती है। प्रत्येक व्यक्ति में क्षमता की एक सीमा होती है, परंतु इस सीमा के पार जाने की शक्ति भी हममें है। वह शक्ति हमारे अंतर्मन में निहित होती है। अपनी क्षमता में हम विचारों के द्वारा वृद्धि कर सकते हैं। यदि हम यह संकल्प कर लें, यह निश्चय कर लें कि अमुक कार्य करके ही चैन लेना है, जबकि उस कार्य के लिए पर्याप्त क्षमता हममें नहीं है, तब भी हम उसे कर सकते हैं। हम निराशा को स्थान न देते हुए उस दिशा में पूरी शक्ति से लग जाएं, तो हम देखेंगे कि हम आश्चर्यजनक रूप से सफलता प्राप्त कर रहे हैं।

जर्मन महाकवि गेटे का कहना है, 'जहां भी तू है, पूरी तरह वहीं रह।' यह एक बड़ा भारी मंत्र है कि एक बार में सिर्फ एक काम को करो। जो काम हाथ में है, उसमें अपने सारे व्यक्तित्त्व को केंद्रित कर दो। यह मत सोचो कि परिणाम क्या होगा।

डेल कार्नेगी का कथन है कि नौजवानों का कार्यों में असफल होने का एक बड़ा कारण यह भी है कि वे अपने मन को एकाग्र नहीं कर पाते।

एक अत्यंत सफल व्यक्ति की मेज पर लक्ष्य वाक्य लिखा था, 'सबसे कठिन कार्य को सबसे पहले करो।' उनसे पूछने

पर उन्होंने बताया कि इस छोटे से वाक्य ने उनके पूरे जीवन को परिवर्तित कर दिया। उन्होंने यह भी बताया कि एक दिन 'मेरे मन में विचार आया कि दुखप्रद कर्तव्यों को टालने, प्रतिकूल तथा कठिन कार्यों से बचने की आदत पड़ गई और जब मैंने सफल व्यक्तियों की जीवनियों पर नजर डाली, तो पता चला कि सभी व्यक्तियों में मिलते–जुलते कुछ खास गुण हैं। यदि मैं इन गुणों को अपना लूं, तो मैं भी अवश्य सफल होउंगां, अतः मैंने यह लक्ष्य वाक्य मेज पर लगा दिया और रोजाना इसके अनुसार कार्य करना शुरू कर दिया। जो कार्य मुझे कठिन मालूम होते थे, सबसे पहले मैं उन्हीं कार्यों को करने में जुट जाता था। जो कार्य मुझे पहाड़ जैसे दिखाई देते थे, उन्हें मैंने स्थिरता और दृढ़ता के साथ किया, तो अपेक्षाकृत सरल दिखाई दिए और इसी आदत को संसार मेरी सफलता के नाम से पुकारता है'। जब वह सफल हो सकता है, तो हम क्यों नहीं। जिस तरह सफल व्यक्तियों के गुण समान होते हैं, उसी तरह असफल व्यक्तियों के अवगुण और लक्षण भी मिलते–जुलते होते हैं हम ऐसे दुर्गुणों से दूर रहकर असफलता से बच सकते हैं।

सफल व्यक्तियों के गुण

ऐसे व्यक्ति कौन हैं, जिन पर बड़ी–बड़ी उन्नति आश्रित है, तो हमें सदैव यही ज्ञात होगा कि ये व्यक्ति वे हैं, जो देखे–सोचे हुए को क्रियात्मक रूप देते हैं; ये आदमी वे हैं, सफलताएं जिनके चरण चूमती हैं। ऐसे आदमी ही उन्नति के आधार हैं। मानसिक गुणों में विश्वास के विषय में कुछ भी कहा जाए, पर देखने, समझने तथा क्रियात्मक रूप में परिणित करने की योग्यता व्यक्तित्त्व का गुण है। जिन आदमियों में संसार का काम करने का यह गुण है, वे स्वाभाविक योग्यता से संपन्न महान् व्यक्ति होते हैं। नियम यही है, परंतु ऐसे व्यक्तियों में परस्पर अंतर है।

■

सफल व्यक्तियों में यह शक्ति होती है कि वे जीवन में आने वाले अवसरों को तुरंत भांप कर उपयोगी कार्य को चुन लेते हैं और उसे अपना लेते हैं, पर इससे भी अधिक महत्त्वपूर्ण यह है कि वे विपरीत परिस्थिति में भी कार्य कर सकते हैं। अनेक प्रसिद्ध सफल व्यक्तियों के उदाहरण इस विषय में लिए जा सकते हैं।

इच्छाशक्ति

हम सभी अपने जीवन में एक घटना तो निश्चित रूप से चाहते हैं और वह है सफलता। चाहे हम सांसारिक समृद्धि के लिए उद्यम करें अथवा आध्यात्मिक उपलब्धि के लिए साधना, पर हममें से कोई भी असफल होना पसंद नहीं करता। हम सभी सफल होना चाहते हैं। यद्यपि सभी सफलता के इच्छुक हैं, तथापि जीवन के सभी क्षेत्रों में हम देखते हैं कि केवल मुट्ठी भर लोग ही वास्तव में सफल हो पाते हैं। अनेक लोग केवल आंशिक सफलता ही अर्जित कर पाते हैं और बहुत से लोगों के हाथ केवल विफलता ही लगती है।

मनुष्य की सफलता और असफलता की गाथाओं में विविध प्रकार के तत्त्वों का योगदान होता है, परंतु प्रत्येक मामले में एक सामान्य कारक उपस्थित रहता है और वह है इच्छा-शक्ति। किसी व्यक्ति के जीवन में सफलता का परिणाम उसकी इच्छा-शक्ति के विकास के अनुपात में ही होता है।

इस प्रकार प्रत्येक व्यक्ति के जीवन का सर्वाधिक महत्त्वपूर्ण और मूलभूत प्रश्न यह हो जाता है कि वह अपनी इच्छा-शक्ति का विकास कैसे करे? इच्छा-शक्ति का विकास भी बचपन से ही हमारी शिक्षा का अंग बन जाना चाहिए, क्योंकि इसके अभाव में हमारी शिक्षा काफी कुछ अप्रभावी रह जाती है।

आधुनिक इतिहास के इन तीन उदाहरणों पर विचार कीजिए। अमेरिकी गृहयुद्ध के उन अंधकारपूर्ण दिनों में जब

लिंकन व्हाइट हाउस के अंदर इतिहास के साथ अलग–थलग पड़ गए थे। राष्ट्र को बचाने की उनकी शक्तिशाली इच्छा–शक्ति के अभाव में अमेरिका का भविष्य क्या हुआ होता? फिर द्वितीय विश्व–युद्ध के दौरान विंस्टन चर्चिल की इच्छा–शक्ति ने कैसी निर्णायक भूमिका निभाई। जिस व्यक्ति ने कहा था कि 'उसके पास देने को खून, पसीना और आंसुओं के अतिरिक्त और कुछ भी नहीं है', उनकी इच्छा–शक्ति के अभाव में, आज समृद्धि के आस्वादन में डूबे इंग्लैंड तथा यूरोप की क्या दशा हुई होती? फिर साम्राज्यवादी शक्तियों द्वारा अपनी ही भूमि में शासित उन समस्त देशों के निवासियों पर पड़े गांधीजी की इच्छा–शक्ति के प्रभाव पर गौर कीजिए, जिन्हें चर्चिल ने 'अधनंगा फकीर' कहा था।

अत्यंत खराब परिस्थितियों में भी जीवन में असाधारण रूप से चमत्कारिक उन्नति करने वाले लोगों के चरित्र का यदि हम अध्ययन करें, तो पाएंगे कि उनकी इच्छा–शक्ति ने ही उनको सफल बनाया। फिर कुछ ऐसे लोग भी हैं, जिनके जीवन के प्रारंभिक काल में बहुत सी संभावनाएं थीं और जिन्हें उन्नत होने के लिए काफी सुविधाएं भी प्राप्त थीं, परंतु वे कभी अपनी संभावनाओं को साकार नहीं कर पाए और पुष्प के समान खिलने के पहले ही मुरझा गए। यदि हम उनके जीवन का अध्ययन करें, तो पाएंगे कि प्रत्येक उदाहरण में उनके असफल होने का कारण इच्छा–शक्ति का अभाव ही था।

इच्छा–शक्ति रहे तो मनुष्य 'शून्य' से भी 'सब कुछ' पैदा कर सकता है और इच्छा–शक्ति के अभाव में उसकी सारी प्रतिभाएं एवं योग्यताएं व्यर्थ सिद्ध होती हैं।

इच्छा क्या है?

इस सृष्टि के तत्त्वों को हम स्वीकार करें अथवा न करें, पर एक तात्पर्य तो इससे निकल ही आता है और वह यह कि

जीवन के सभी क्षेत्रों के समस्त रचनात्मक प्रयासों के पीछे इच्छा–शक्ति ही मुख्य है। प्रश्न उठता है कि यह इच्छा–शक्ति क्या है और इसका उदय कहां से होता है? स्वामी विवेकानन्द कहते हैं – 'इच्छा' – आत्मा और मन का एक मिश्रण है।' "मनुष्य की यह इच्छा–शक्ति चरित्र से उत्पन्न होती है और चरित्र कर्मों से गठित होता है। इसलिए, जैसा कर्म होता है, इच्छा–शक्ति की अभिव्यक्ति भी वैसी ही होती है।"

यहां तक कि प्रकृति की महान् शक्तियां भी मानवीय इच्छा–शक्ति के सामने पराभूत हो जाती हैं। कल्पना कीजिए कि कोलंबस के दिनों में अमेरिका की क्या हालत थी या फिर कुछ यात्री पादरियों ने वहां क्या देखा और आज के अमेरिका के साथ उसकी तुलना कीजिए। यह अपार और विस्मयजनक परिवर्तन मानवीय इच्छा–शक्ति के द्वारा ही संभव हो सका है। जगत् में परिदृश्यमान सभी क्रिया–कलाप, मानव की समस्त गतिविधियां और उपलब्धियां मानवीय इच्छा की ही अभिव्यक्तियां हैं। मानवीय सभ्यता के जिन तत्त्वों पर हम गर्व करते हैं या खेद करते हैं, विज्ञान के क्षेत्र में जो कुछ हमें विस्मित कर देता है, वे सब मानवीय इच्छा की ही देन है।

सफलता प्राप्त करने की प्रेरणा लक्ष्य को हासिल करने की गहरी इच्छा–शक्ति से आती है। नेपोलियन हिल ने लिखा था, 'इंसान जो सोच सकता है और जिसमें यकीन करता है, वह उसे हासिल भी कर सकता है।'

एक नौजवान ने एक बार सुकरात से सफलता का रहस्य पूछा। सुकरात ने उस नौजवान को अगली सुबह नदी के किनारे मिलने को कहा। अगले दिन वे दोनों मिले। सुकरात ने उस नौजवान से कहा कि वह उसके साथ नदी में चले। आगे बढ़ते–बढ़ते जब पानी उनकी गर्दन तक आ पहुंचा तो सुकरात ने अचानक नौजवान का सिर पकड़कर पानी में डुबो दिया। लड़का बाहर निकलने के लिए बहुत छटपटाया पर सुकरात ने उसे तब तक नहीं छोड़ा, जब तक कि वह लड़का

नीला नहीं पड़ने लगा। सुकरात ने जैसे ही उसका सिर पानी से ऊपर निकाला, तो सबसे पहले उसने एक गहरी सांस ली। सुकरात ने सवाल किया, 'जब तुम्हारा सिर पानी के अंदर था, तो तुम्हें सबसे ज्यादा किस चीज की इच्छा थी?" लड़के ने जवाब दिया, 'हवा की।' सुकरात बोले, 'यही सफलता का राज है।' सफलता प्राप्ति की इच्छा अगर उतनी ही गहरी हो, जितनी कि डूबने वाले को हवा की होती है, तो वह हमको जरूर मिलेगी। सफलता पाने का और कोई रहस्य या मंत्र नहीं है।

सभी कामयाबियों की शुरुआत उन्हें पूरा करने की गहरी इच्छा से ही होती है। जिस तरह थोड़ी सी आग ज्यादा गर्मी नहीं दे सकती; उसी तरह कमजोर इच्छा से बड़ी कामयाबियां नहीं मिल सकतीं।

संघर्ष

जीवन में सफलता किसी को उपहार में नहीं मिल जाती। सफलता को प्राप्त करने के लिए एक ऐसी सतत् प्रक्रिया से गुजरना पड़ता है, जिसका नाम है संघर्ष। जिस तरह मझधार में फंसी नाव किनारे पर बैठकर नहीं चलाई जा सकती, उसी तरह बिना संघर्ष के जीवन की नाव भी नहीं चलाई जा सकती। अगर संघर्ष का महत्त्व नहीं होता, तो सोना आग में तप कर क्यों निखरता? जीवन का रहस्य यदि खोजना है, तो उसे संघर्ष में ही खोजना होगा।

वास्तव में हम जिसे संघर्ष का नाम देते हैं, वह और कुछ नहीं, वरन् हमारे विकास की एक प्रक्रिया है। इस दौरान हमारा आत्मबल, आत्मविश्वास और व्यक्तित्त्व बलशाली होता है। अगर हमारी हथेली में 'जीवन–रेखा' है, तो हमारे बाजुओं में 'संघर्ष–रेखा' होनी चाहिए, जिसके दम पर हम अपना जीवन अपने अनुसार बना सकें। सभी प्रभावशाली व सफल व्यक्तियों की पृष्ठभूमि में सबसे बड़ा तथ्य संघर्ष है।

विचार

स्वामी विवेकानन्द ने कहा था, 'विचार विकास का बीज है।' जीवन में हम जो कुछ भी करते हैं, कर पाते हैं या करना चाहते हैं, उन सबका जन्म पहले एक 'विचार' के रूप में होता है। जब एक विचार जन्म लेता है, तब उसको एक क्रिया में बदलने की संभावना का जन्म होता है और यही संभावना विकास में बदल जाती है, इसलिए प्रत्येक महान या सफल व्यक्ति विचारशील होते हैं। हमें भी विचारों को जन्म देने का प्रयास करना चाहिए।

अकसर विचार की आयु बहुत छोटी होती है, इसलिए जब वह जन्म ले, तो उस पर तुरंत ध्यान दिया जाना चाहिए वरना वह खो सकता है या मर सकता है।

मनोवैज्ञानिकों का मानना भी यही है कि 95 प्रतिशत लोगों की विचार–शक्ति, क्षमता व हिम्मत उससे कहीं ज्यादा होती है, जितनी कि वे समझते हैं या जानते हैं। यदि हम भी अपनी सही शक्तियों को जांच कर आगे बढ़ें, तो सफलता प्राप्त कर सकते हैं।

उत्तरदायित्व

उत्तरदायित्व दिया नहीं जाता, वरन् लिया जाता है। जो व्यक्ति स्वयं को दूसरों, परिवार, समाज एवं राष्ट्र के प्रति उत्तरदायी मानते हैं, वही इतिहास का हिस्सा बनते हैं। उत्तरदायित्व के निर्वहन के बिना उन्नति असंभव है।

यह मेरा उत्तरदायित्व नहीं है

एक दंपती थे, वे आपस में अपने काम के बंटवारे को लेकर हमेशा लड़ते–झगड़ते थे। पति बोलता था कि उसकी पत्नी कोई भी काम ठीक ढंग से नहीं करती, जबकि पत्नी कहती थी कि उसका पति अपना कोई भी उत्तरदायित्व नहीं समझता। अंत में उन्होंने तय किया कि घर में जो कुछ भी

हो, उसका उत्तरदायित्व पत्नी का होगा और घर के बाहर जो कुछ भी हो, उसका उत्तरदायित्व पति का होगा। एक दिन पति गांव की चौपाल पर बैठा हुआ था, तभी एक व्यक्ति ने आकर सूचना दी कि उसके घर में आग लग गई है। यह सुनकर भी वह बैठा रहा और उस व्यक्ति से बोला कि मुझे कोई चिंता नहीं है, क्योंकि मेरे घर में कभी भी कुछ भी हो, उसकी जिम्मेदारी मेरी नहीं बल्कि मेरी पत्नी की है। अगर मकान जल जाता है, तो इसका उत्तरदायित्व भी मेरी पत्नी का होगा। अंततः उनका मकान एक राख के ढेर में बदल गया।

हम सब अपने उत्तरदायित्वों का बोझ लिए हुए जीवन–यात्रा करते हैं। किसी का यह बोझ कम होता है, तो किसी का ज्यादा, परंतु यह बोझ उठाना सबको पड़ता है। अकसर हममें से जो लोग सफल नहीं होते, वे उन पर लदे उत्तरदायित्वों को दोष देते हैं। जबकि वास्तव में उत्तरदायित्व के वजन से कोई असफल नहीं होता। असफल होता है उसे उठाने के तरीके से। यदि हम उत्तरायित्व का भार सही तरीके से नहीं उठाएंगे, तो डगमगा जाएंगे या गिर भी सकते हैं अथवा गिरने के भय से उसे उठाने से कतराते रहेंगे। अपने उत्तरदायित्वों को निभाने के लिए हमारे पास क्या साधन है और कितने हैं, यह इतना महत्त्वपूर्ण नहीं है, जितना कि हम इनका उपयोग किस तरह करते हैं। साधन तो निर्जीव माध्यम हैं, हमारा संकल्प ही उन्हें सजीव बनाता है। दृढ़ निश्चय ही हमारे सीमित साधनों में असीमित शक्ति का संचार करता है। इसलिए हमें अपने उत्तरदायित्वों से दूर नहीं भागना है, वरन उन्हें सहर्ष स्वीकार करना है।

परिश्रम

संसार का यह नियम है कि जो परिश्रम करना जानता है, भाग्य उसी को पहचानता है। अगर हमारे बाजुओं में परिश्रम

करने की शक्ति हो, तो हमारे लिए कोई भी कार्य असंभव नहीं है।

परिश्रमियों के लिए रामायण में दृष्टांत है। जब राम ने सुग्रीव से पूछा कि लंका कितनी दूर है? तो सुग्रीव ने कहा, 'महाराज, आलसी लोगों के लिए तो कोसो दूर है, लेकिन परिश्रमी व्यक्तियों के लिए मात्र हाथ की दूरी पर है।' बात भी यही सही है। सफलता श्रम के साथ ही आती है।

शंख और सीपियों से काम उन्हें चलाना पड़ता है, जो सागर के किनारे घूमते हैं। जो सागर की गहराइयों में जाने की हिम्मत रखते हैं उन्हें ही मोती प्राप्त होता है।

चरित्र

इस बात में कोई दो राय नहीं है कि आधुनिक युग गति, प्रगति, उन्नति, विकास और संभावनाओं का युग है। लेकिन इस बात में भी कोई शंका नहीं है कि आज का युग संकट और समस्याओं का भी है। और सबसे विकराल समस्या चरित्र की है।

ज्ञान विज्ञान की इस ऊंची छलांग में हमारा चरित्र कहीं दब गया है। हमारा नैतिक आधार डगमगा गया है। सत्य से हमारी दूरी दिनोंदिन बढ़ती जा रही है। हमारा चरित्र बल कहीं खोता जा रहा है। इसलिए हमें हमारे चरित्रों को उच्चतर बनाना है, क्योंकि चरित्र बिना सफलता के तो रह सकता है, परंतु सफलता बिना अच्छे चरित्र के कभी नहीं रह सकती।

प्रश्न उठता है कि चरित्र क्या है और हमें इससे क्या लाभ है? तो उत्तर है कि:

- चरित्र वह ज्योति है, जो सूर्यास्त हो जाने और सभी रोशनियों के बुझ जाने के बाद भी आलोकित होती रहती है।

- चरित्र वह शक्ति है, जिसके द्वारा हम हारते हुए युद्धों को भी जीत में बदल सकते हैं।

- चरित्र मनुष्य में वह जाग्रत दिव्यता है, जिसके समक्ष सभी नतमस्तक हो जाते हैं।

- चरित्र वह धन है, जो निर्धनता के बीच भी चमकता रहता है।

- लुटेरे दुनिया की हर वस्तु तक पहुंचकर उसे लूट सकते हैं, परंतु चरित्र को नहीं। यदि हम चरित्र के अतिरिक्त अपना सब कुछ खो चुके हैं, तो वस्तुतः हमने कुछ भी नहीं खोया।

- मनुष्य के द्वारा निर्मित हर वस्तु मनुष्य नष्ट कर सकता है, परंतु चरित्र को नष्ट नहीं कर सकता।

- चरित्र हो, तो हम निर्भयतापूर्वक किसी भी प्रकार के वर्तमान और भविष्य का सामना करके उस पर विजय प्राप्त कर सकते हैं, परंतु इसके अभाव में न तो हमारा कोई वर्तमान है और ना ही भविष्य।

- चरित्र–निर्माण की व्यवस्था के बिना शिक्षा अनुपयोगी है। चरित्र का निर्माण व प्रसार ही शिक्षा का मूलभूत उद्देश्य है।

- मनुष्य अपना चरित्र स्वयं ही बना सकता है और उसका निर्माण करने के बाद उसे खो भी सकता है। जीवन जीने के लिए सांस लेने के समान ही चरित्र को भी निरंतर देखभाल की जरूरत होती है।

- कोई भी राष्ट्र उतना ही बलवान है, जितना कि उसका चारित्रिक आधार। कोई भी व्यक्ति उतना ही सुरक्षित है, जितना कि उसका चरित्र।

- चरित्रहीनता उस दरिद्रता का नाम है, जिससे बुरा और कुछ भी नहीं हो सकता।

चरित्र से सब कुछ प्राप्त किया जा सकता है

यदि श्रेष्ठ चरित्र के बारे में उपरोक्त बातें होना सत्य है, तो फिर श्रेष्ठ चरित्र के ना होने पर उसके विपरीत होना भी उतना ही सत्य है। श्रेष्ठ चरित्र हो, तो हमारी शक्तियां हमारी दुर्बलताओं से, हमारा सौभाग्य हमारे दुर्भाग्य से, हमारे सुख हमारे दुखों से अधिक होंगे और हमारा वर्तमान तथा भविष्य हमारे अतीत से कहीं अधिक गौरवशाली होगा।

श्रेष्ठ चरित्र हो, तो

➤ हमारे मित्र हमारे शत्रुओं पर भारी पड़ेंगे, युद्ध की जगह शांति होगी, हिंसा की जगह भाईचारे का बोलबाला होगा। हमारी गाड़ियां समय से चलेंगी, कारखाने आशा से अधिक उत्पादन करेंगे, उद्योग–धंधे शांतिपूर्वक फलेंगे–फूलेंगे और खेतों में आशातीत फसल होगी।

➤ छात्रों के रूप में हम अपनी ऊर्जा के बचाव को भली भांति समझ सकेंगे और अपनी शारीरिक, मानसिक तथा आध्यात्मिक शक्तियों का विकास करके अस्तित्व के संघर्ष हेतु स्वयं को पूर्णतः तैयार कर लेना ही एक छात्र का कर्तव्य है। तब हम आसानी से समझ सकेंगे कि किस प्रकार कुछ लोग हमारे हितों की बलि चढ़ाकर अपने निजी स्वार्थों के लिए हमारा उपयोग करने का प्रयास कर रहे हैं।

➤ युवक–युवतियां शिष्टाचार, मर्यादा तथा संयमित होकर वयस्क होने तक जवान बने रहेंगे। श्रेष्ठ चरित्र हो, तो हमारी संस्कृति मधुर तथा प्रकाशमान होगी, कला सौंदर्यमय ईश्वर की अभिव्यक्ति होगी और साहित्य आत्मा की अभिव्यक्ति का एक उत्कृष्ट प्रयास होगा।

➤ हम जगत को उसके वास्तविक रूप में देखेंगे और तब हम नकारात्मकता में समय बरबाद न करके,

आत्मोन्नति तथा समाज के अन्य भाइयों के उत्थान में जुट जाएंगे।

➤ हमारे समाज में झगड़ा–फसाद, उत्तेजना–आंदोलन तथा हिंसा की तुलना में समझ, शांति, सद्भाव तथा सामंजस्य का प्रसार होगा।

➤ हमारे चेहरों पर कांति होगी, नेत्रों में ज्योति होगी, हृदय में आशा होगी, मन दृढ़ संकल्पों से परिपूर्ण होंगे।

कौन नहीं चाहता कि उपरोक्त बातें उसके जीवन में घटित हों? और हम भी यदि ऐसा ही चाहते हों, तो हमें एक कार्य करना होगा और वह है अपने चरित्र का निर्माण। मनुष्य ही केंद्रीय विषय है और वही लक्ष्य भी है। चरित्र जगत की किसी भी उपलब्धि से बढ़कर मूल्यवान है।

प्रश्न उठता है कि चरित्र क्या है?

मनुष्य वास्तव में जो है, वही उसका चरित्र है और जैसा कि उसे होना चाहिए, वही उसकी प्रसिद्धि है। चरित्र तथा प्रसिद्धि का एकाकार हो जाना ही जीवन की आदर्श अवस्था है।

चाणक्य का चरित्र

एक बार चीनी यात्री आचार्य चाणक्य से मिलने आया। संध्या के समय उनकी भेंट वार्त्ता तय हुई। वह चीनी भेंट के समय से थोड़ा सा पहले वहां पहुंच गया। चाणक्य ने उसे अपने कमरे में बुलाया और उससे निवेदन किया कि वह जरूरी कार्य पूरा करने तक इंतजार करे। जब चाणक्य ने अपना काम पूरा कर लिया, तब उन्होंने चिमनी को बुझा दिया और उसकी जगह दूसरी चिमनी को जलाकर रख दिया। यह देखकर वह यात्री आश्चर्य करने लगा और इसके बारे में चाणक्य से पूछा। चाणक्य ने उत्तर दिया कि जब मैं अपने राजकीय कार्य करता हूं, तो उस समय इस पहली चिमनी

को प्रयोग में लेता हूं, जो की राजकीय खर्च पर जलती है और जब राजकीय कार्य समाप्त हो जाता है, तब दूसरी चिमनी को जलाता हूं, जो कि मेरी निजी है। यात्री को तब समझ में आया कि क्यों चाणक्य एक महान व्यक्ति हैं? यह था चाणक्य का चरित्र।

हमारी सभी मानसिक वृत्तियों का संकलन ही हमारा चरित्र है। अपने विचारों के द्वारा ही हमारा निर्माण हुआ है। विचार जीवित रहते हैं और वे दूर–दूर तक जा पहुंचते हैं। अतः अपने विचारों के बारे में सावधानी बरतो। हमारा प्रत्येक कार्य, प्रत्येक गतिविधि, प्रत्येक विचार मन पर एक संस्कार छोड़ जाता है। मन के इन्हीं संस्कारों के योग से हमारे प्रतिक्षण का अस्तित्व निर्धारित होता है। प्रत्येक व्यक्ति का चरित्र इन संस्कारों के योग से निर्धारित होता है। यदि अच्छे संस्कारों का प्राबल्य हो, तो चरित्र अच्छा हो जाता है और बुरे संस्कारों से वह बुरा हो जाता है।'

चरित्रवान मनुष्य यदि उन्नति की ओर बढ़ता है, तो चरित्रहीन व्यक्ति अधोगति को प्राप्त होता है। चरित्रवान व्यक्ति इतिहास का निर्माण करता है और इससे विहीन व्यक्ति इतिहास की मार खाकर रह जाता है। चरित्रवान व्यक्ति मानवता की आशा, सांत्वना, भलाई, शांति तथा प्रेरणा बनता है और चरित्रहीन व्यक्ति समाज में कठिनाइयां, संघर्ष, चिंता और दुख उत्पन्न करता है।

चरित्र में ही जीवन की प्रत्येक पहेली को सुलझाने की चाबी छिपी है। इसमें प्रत्येक कुचक्र को तोड़ने की क्षमता है। ऐसा कोई भी रहस्य नहीं, चरित्र जिसका पर्दा न उठा सके। ऐसा कोई भी घाव नहीं, जिसे यह भर न सके। ऐसी कोई भी इच्छा नहीं, जिसकी यह पूर्ति न कर सके। और ऐसी कोई भी हानि नहीं, जिसकी यह भरपाई न कर सके। अतएव, जीवन के समस्त रचनात्मक प्रयासों में सर्वाधिक महत्त्वपूर्ण यह जानना है कि हम किस प्रकार स्वयं ही अपने चरित्र का

निर्माण करें और अपने संपर्क में आने वाले अन्य लोगों के चरित्र-निर्माण में भी सहायता कर सकें।

उत्साह

ऐसा कई बार देखने में आता है कि हमारे अंदर योग्यता, क्षमता और साधन होने के बावजूद सफलता हाथ नहीं आती। लक्ष्य तक पहुंचना मुश्किल हो जाता है। इसका सीधा सा कारण है कि कार्य को करते समय उत्साह का न होना। उत्साहहीन होकर किया गया कार्य हमारी योग्यताओं को भी बेकार कर देता है। हमें अपनी क्षमता का पूरा सहयोग तभी मिल सकता है, जब हमारे मन में कार्य व लक्ष्य के प्रति भरपूर उत्साह हो।

उत्साह हमारे अंदर एक नई शक्ति का संचार करता है। और हमारे विचारों में भी नए प्राण फूंकता है। विश्व के कई महान व्यक्तियों ने कई महान कीर्तिमान योग्यता से ज्यादा अपने उत्साह के बल पर स्थापित किए हैं। तभी तो कहा जाता है, चाहे उम्र कोई भी हो हमारे अंदर का उत्साह कभी नहीं मरना चाहिए।

क्या हममें भी उपरोक्त विशेषताएं हैं? तो इसका जवाब होगा हां। क्योंकि चाहे ये सभी खूबियां हममें पूर्ण जाग्रत अवस्था में ना हों, तो भी थोड़ी बहुत तो हमारे जीवन में दखल रखती हैं। अगर हम इन सभी विशेषताओं को पूर्ण जाग्रत कर ले तो सफलता हमारे कदम चूमेगी। बीज दिखने में तो बहुत ही छोटा और साधारण होता है, लेकिन उसमें समाए होते हैं– फल, फूल, पत्तियां, पौधे और इतना ही नहीं, बल्कि पूरा वृक्ष। हम भी कुछ इसी तरह ही हैं। जिसमें छिपी हैं विशाल संभावनाएं, विचारों के ज्वालामुखी और इरादों के महान पर्वत। बस, हमें अपने आपको पहचानने की देरी है और एक बार हम इन गुणों को जाग्रत कर लेते हैं, तो फिर जीवन में सब कुछ वैसा ही हो सकता है, जैसा हम चाहते हैं।

■

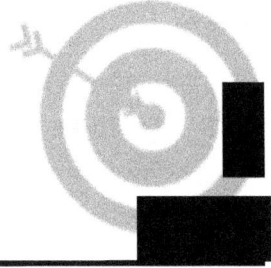

एक बार अरस्तू के पास एक व्यक्ति आया। वह बहुत दुःखी एवं निराश था। उसने अरस्तू से कहा कि वह इस जीवन से निराश हो गया है और मरना चाहता है। अपनी बात कहकर वह फूट–फूटकर रो पड़ा।

अरस्तू ने उससे कहा, 'तुम्हारा मर जाना ही अच्छा है। जो लोग निराशा में जिया करते हैं, उनका जीवन मौत से भी बद्तर है।'

अरस्तू की बात से वह और अधिक दुःखी हो गया कि कहां वह सांत्वना की बात सुनने आया था और अरस्तू ने उसे फटकारना शुरू कर दिया।

'आशावादी मनुष्य का ही जीवन सार्थक होता है,' अरस्तू ने कहा, 'आशावाद ही निर्माता है। आशावाद ही किसी मनुष्य का मानसिक सूर्योदय है। इससे जीवन का निर्माण होता है। आशावाद में तमाम मानसिक योग्यताओं का जन्म होता है। अगर तुम आशावादी नहीं बन सकते हो, तो तुम्हारा जीवन व्यर्थ है। आत्महत्या कर लो और मानवता का कलंक न बनो।'

अरस्तू का यह कथन कटु, पर सत्य है।

निराशावाद नकारात्मक व ऋणात्मक है। निराशावाद वह घोर नरक है, जहां मनुष्य की सारी शक्तियां और योग्यताएं पंगु हो जाया करती हैं। जीवन का विकास थम जाता है। जो लोग निराश होते हैं, निराशा की कल्पना करते हैं, उनका भविष्य सदा के लिए अंधकारमय बना रहता है।

यदि हम अपने मन के हीन विचारों को दूर कर दें, सर्वोत्तम कोटि की मानवता को अपना लें, जीवन को सुंदर, विशाल और उदार बनाने का संकल्प कर लें, तो हम क्या नहीं कर सकते हैं?

निश्चय कर लीजिए कि गरीबी के विचार की ओर से ही हम मुंह मोड़ लेंगे और ईश्वर के बनाए विपुल भंडार की ओर देखने को प्रयत्न करेंगे। संकल्प करें कि हम अपने मन में निराशा, गरीबी व अभाव के विचार को बाहर निकाल देंगे और उनके स्थान पर विपुलता, संपन्नता, असीम धन–संपत्ति और पदार्थों के विचार को स्थान जरूर देंगे।

हमें अपना लक्ष्य बनाना चाहिए। इस बात का पूरा विश्वास होना चाहिए कि हमारे भीतर बड़ी शक्ति है। हम अपने को पहचान लें। स्मरण रखें कि हम सब प्रकार से योग्य हैं। जब यह भावना मन में आ जाएगी, तो हर काम हमको सरल लगेगा। कोई भी कार्य हमें इसलिए भारी लगता है कि हम अपने को निराश व अयोग्य समझते हैं। हमारी क्षमता अपने आप कम हो जाती है।

जिन मनुष्यों के मन में यह विचार रहता है कि मुझमें यह काम करने की योग्यता ही नहीं है, ऐसे संशयात्मा की कार्य–शक्तियों के सबल और ऊर्जायुक्त होने की आशा भला कैसे की जा सकती है? दुनिया में मन को इससे अधिक कमजोर कर देने वाली कोई बात नहीं है कि मनुष्य निरंतर अपने काम को पूरा कर सकने की योग्यता के विषय में संदेह करता रहे और अपनी दुर्बलता की स्वीकृति को दोहराता रहे।

■

विफलता के कारण

अधिकांश व्यक्ति जो असफल होते हैं, उसका कारण क्या है? जो कार्य वे अपने हाथ में लेते हैं, उसका प्रारंभ वे अपने कार्य करने की योग्यता के संदेह से करते हैं। अपने किसी भी जीवन–कार्य को शुरू करते हुए, जिस क्षण हमने अपने मन में संशय को आने दिया, समझो उसी क्षण हमने अपने एक दुश्मन को बुला लिया–ऐसे शत्रु को, जो हमसे धोखा करेगा। संशय असफलता परिवार का एक मुखिया है। यदि हमने उसे कभी अपने घर में घुसने दिया और उसे निकाला नहीं, तो वह अपने परिवार के अन्य सदस्यों को भी ले आएगा, जिसमें मुख्य हैं, 'आराम से काम करो', 'जब काम कठिन होने लगे, तो छोड़ दो', 'प्रतीक्षा करो' तथा इस परिवार के अन्य अनेक सदस्य जब एक बार मन में घुस आते हैं, तो वे स्वयं जैसी अन्य प्रवृत्तियों को भी खींच लाते हैं और मनुष्य की महत्त्वाकांक्षाएं पूर्णतः नष्ट हो जाती हैं। हमारी समृद्धि की चाह और सफलता की तीव्र इच्छा, सब कुछ व्यर्थ हो जाता है। हम इन निठल्ली, सदा मात खाने वाली वृत्तियों को लाकर जमा कर लेंगे, तो ये हमारी शक्ति को नष्ट कर देंगी। शीघ्र ही हमारे मन में और हमारी क्रियाओं में असफलता आने लगेगी।

बिना कारण के कोई कार्य नहीं होता है और पहला कारण मानसिक है। मन की प्रवृत्ति ही सफलता या असफलता के लिए उचित वातावरण का निर्माण करती है। हमारे कार्यों का परिणाम ठीक वैसा ही होगा, जैसे कि हमारे विचार होंगे। हमारे कार्यों का परिणाम हमारे विचार के स्वरूप से भिन्न कदापि नहीं हो सकता। हमारा स्वभाव, हमारी आदतें और हमारी प्रवृत्तियां–सब हमारे विचारों के अनुरूप ही होती हैं। हमारे सारे कार्यों पर इन सबका गहरा प्रभाव पड़ता है। यदि हम कुछ उत्पादन करना चाहते हैं, तो हमें अवश्य ही अपने मन को रचनात्मक स्थिति में लाना होगा। एक असंतुलित,

चिंताग्रस्त, निराश व निर्धनता से त्रस्त मानसिक स्थिति से हमारे मन में निषेधात्मक विचार उत्पन्न होते हैं और उनसे हमारी संपूर्ण कार्य–शक्ति कमजोर हो जाती है। इससे हमारी सफलता एवं प्रसन्नता के मार्ग में बाधाएं पड़ती हैं।

वास्तव में हमारी मानसिक योग्यताएं हमारी दासियां हैं। वे हमें ठीक वस्तुएं देती हैं, जिनकी हम उनसे आशा करते हैं। यदि हम उन पर विश्वास करें, तो वे हमें सर्वोत्तम पदार्थ देती हैं। यदि हम भयभीत हों, तो हमारी सारी मानसिक योग्यताएं भी त्रस्त हो जाती हैं।

उपरोक्त विवेचन का मनन करने से हमने यह जाना कि असफलता किन क्रियाओं का योग है। असफलता के लिए कुछ बुनियादी बातों का उल्लेख इस अध्याय में किया जा रहा है। अगर इस तरह की बातें हमारे जीवन को प्रभावित करती हैं, तो हम असफल होंगे। सुविधा की दृष्टि से इन्हें बिंदु वार वर्णित किया जा रहा है।

➤ पहल करने में झिझकः एक चीनी कहावत है कि 'हर बड़ी यात्रा एक छोटे–से कदम से प्रारंभ होती है।' जीवन में 'पहल' करना ही हमें सफलता के समीप ले जाने में एक बड़ा कदम साबित होता है। परंतु हम अकसर इस बात की प्रतीक्षा करते हैं कि कोई हमें निर्देश दे, आदेश दे, हमें रास्ता दिखाए और बताए की हमें क्या करना है। कैसे करना है और जब तक ऐसा संभव नहीं हो पाता है, तब तक हम कुछ भी नहीं कर पाते हैं।

➤ प्राथमिकताओं की कमीः कुछ कार्य निश्चित होते हैं और कुछ कार्य अनिश्चित होते हैं, हमें रोज करने वाले कार्यों व कभी–कभी करने वाले कार्यों में प्राथमिकता तय करनी होती है।

रोजमर्रा के कार्यों में भी प्राथमिकता तय करना जरूरी है और जीवन के लक्ष्यों में प्राथमिकता तय

करना सबसे ज्यादा जरूरी है और इसके अभाव में ज्यादातर लोग दिशाहीन जीवन का नेतृत्व करते हैं।

➤ **आसान रास्ते की तलाशः** आज सभी को सफलता प्राप्त करने के आसान रास्ते की तलाश रहती है। विद्यार्थी पूरे साल अध्ययन करने के बजाय 'पास बुक' 'वन वीक सीरिज', 'सॉल्व्ड पेपर', 'गेस पेपर' के चक्कर में लगे रहते हैं और पूर्ण सफलता को कभी प्राप्त नहीं कर पाते। इसी प्रकार आज धनार्जन हेतु भी लोग आसान रास्ते की तलाश में गलत रास्ते पर चले जाते हैं। कई कंपनियां इन भोले–भाले लोगों को आसान व शार्टकट के जरिए पैसा कमाने के नाम पर लूट रही हैं। आसान रास्ते की तलाश करने वाले लोग कभी भी बड़ी व स्थाई सफलता प्राप्त नहीं कर सकते।

➤ **कार्य योजना का अभावः** आधुनिक जीवन में अगर सफलता प्राप्त करनी है, अगर प्रगति के पथ पर बढ़ना है तो उसके लिए एक अच्छी और बेहतर योजना का होना अत्यंत आवश्यक है।

दुनिया के नक्शे में ऐसे कितने ही छोटे–छोटे देश हैं, जो अपनी विकासशील योजनाओं के कारण दूसरे देशों से आगे हैं। उत्कृष्ट योजना के बलबूते पर ही मनुष्य ने चांद पर घूमने की कल्पना को सच कर दिखाया है। अच्छी योजना के साथ किया गया प्रयास हमेशा अच्छे परिणामों को जन्म देता है, जबकि अच्छी योजनाओं के अभाव में योग्यता भी बेबस और लाचार हो जाती है।

➤ **बहानेबाजी की अधिकताः** जब किसी संस्थान की सफलता की जांच की जाती है, तो पाया जाता है कि वहां के मुखिया व व्यक्ति 'परिणामों' में विश्वास रखते हैं न कि इस बात में की कोई भी काम नहीं हो

पाने के क्या–क्या कारण रहे। वे इस बात में ज्यादा विश्वास करते हैं कि प्रयास या कारण जो भी हो, परिणाम ही उन्हें बेहतर बना सकता है। जबकि इसके विपरीत हारने वाले व्यक्ति को इस बात में ज्यादा रुचि होती है कि किसी काम को नहीं करने के क्या कारण होते हैं। वे बहानों को वास्तविक कारण मानते हैं और समझाने पर आरोप लगाते हैं कि उन्हें और उनकी परिस्थितियों को कोई नहीं समझता। उनके कारणों व बहानों की सूची अत्यंत लंबी व सर्वसुलभ होती है। जैसे

■ मेरे पास समय नहीं है।

■ मेरे ग्रह अभी ठीक नहीं हैं।

■ मेरे संपर्क ज्यादा नहीं हैं।

■ काश, मेरे ऊपर परिवार की जिम्मेदारी न होती।

■ काश, ...

(अगर आपके पास कोई नया बहाना हो, तो यहां लिख दें) इस तरह इन बहानों का कोई अंत नहीं है।

➢ भय: प्रकृति का नियम है, जिस वस्तु से हम जितना डरते हैं, वह स्वयं ही हमारी ओर बढ़ती है। यदि हम निराशाओं से डरते हैं, तो हमें निराशाएं अपनी ओर आती प्रतीत होती हैं। दरअसल भय के पास अपनी कोई शक्ति नहीं होती, वरन वो तो हम स्वयं ही हैं, जो उससे डरकर उसे शक्ति प्रदान करते हैं। भय का अर्थ है इच्छा के अनुसार कार्य करने में असमर्थता। जब हमारा मन हार मान लेता है, तभी भय उत्पन्न होता है।

दुनिया में हजारों तरह के भय (फोबिया) के बारे में जानकारी उपलब्ध है। यहां तक की जिस भी व्यक्ति, वस्तु व भावना से हम कतराते हैं, वह एक फोबिया है

और सभी तरह के भयों (फोबिया) का मनोचिकित्सा द्वारा निदान संभव है। कुछ जाने-माने भय इस प्रकार हैं:

- ■ असफलता का भय।
- ■ अनजानी चीज का भय।
- ■ तैयारी न होने का भय।
- ■ गलत फैसला लेने का भय।
- ■ अस्वीकार किए जाने का भय।

➤ आलस्यः एक अन्य छोटा या विचारणीय बिंदु है आलस्य। आलसी व्यक्ति को पता नहीं चलता कि वह आलस कर रहा है। आलस्य हमारी शक्तियों को कमजोर कर देता है। जब शक्तियां ही कमजोर हों तब योग्यताएं तो धूमिल हो ही जाती हैं। अगर हमारी आदत छोटे-छोटे कार्य टालने की है, तो जीवन के बड़े-बड़े उद्देश्यों को भी हम टालते रहेंगे। इसलिए आज का काम आज ही करना चाहिए।

➤ स्वाभिमान का अभावः जहां स्वाभिमान हमारी प्रगति व उन्नति का प्रतीक है, वहीं अभिमान हमारे पतन की शुरुआत है। जब स्वाभिमान गिर जाता है, तो अभिमान बन जाता है।

स्वाभिमान वह है, जो लाख ठोकरें खाने के बाद भी हमें गिरने नहीं देता और अभिमान वह है, जो हमें कभी संभलने नहीं देता। स्वाभिमान हमें अपने पर भरोसा करना सिखाता है, मुसीबतों से लड़ना सिखाता है और हमारे लिए गौरव, उन्नति व उपलब्धियों की सौगात लाता है।

■

कल्पना से भविष्य को वास्तविकता में बदला जा सकता है

इस पुस्तक का यह एक महत्त्वपूर्ण अध्याय है और इस अध्याय को गहराई से जानने के लिए हमें निम्न बातों का पुनः स्मरण करना होगा। तो आइए, निम्न बिंदुओं पर एक नजर डालते हैं:

1. हमारा मस्तिष्क मानसिक चलचित्रों का एक भंडार है।

2. हमारा मस्तिष्क हमारे मानसिक चित्रों को अवचेतन मन के पटल (स्क्रीन) पर दिखाता रहता है।

3. ये मानसिक चित्र अवचेतन मन पर स्थाई/अस्थाई प्रभाव डालते हैं।

4. हमारा अवचेतन मन निष्पक्ष रूप से इन तस्वीरों को प्रयोग में लेता रहता है, अर्थात् ये मानसिक चित्र हमारे जीवन को नियंत्रित करते हैं।

5. ये मानसिक चित्र हमारा भविष्य सुनिश्चित करते हैं, क्योंकि ये हमें नियंत्रित करने के साथ–साथ अकसर व्यक्तिगत संपर्क, जीवन लक्ष्य, आर्थिक व सामाजिक आवश्यकताओं के प्रति आकर्षित करते हैं।

अब हम इस पुनः स्मरण की प्रक्रिया को यहीं समाप्त करते हैं, लेकिन उपरोक्त बातों को इतनी बार दोहराएं कि ये हमें याद हो जाएं।

हम जो भी हमारे आस–पास के वातावरण में अपनी आंखों से देखते व कानों से सुनते हैं, वह सब कुछ मानसिक चित्र में परिवर्तित हो जाता है, लेकिन ये चित्र कमजोर होते हैं। कल्पना के द्वारा जो मानसिक चित्र बनते हैं, वे ज्यादा शक्तिशाली होते हैं, इसलिए हम किसी भी वातावरण में रहने के बावजूद भी अपनी कल्पना शक्ति से ज्यादा शक्तिशाली मानसिक चित्र विकसित कर सकते हैं। हम मानसिक चित्रों को कल्पना द्वारा नियंत्रित कर सकते हैं। इसी प्रकार हमारे मानसिक चित्रों में जो हमारी काल्पनिक छवि मौजूद होती है, उसके द्वारा हमारा भविष्य नियंत्रित किया जाता है।

इसलिए मानसिक चित्र में धन, संपदा की कल्पना कीजिए। बार–बार कीजिए, लगातार कीजिए, गहन कीजिए– तो हम धनवान बनतें हैं।

मानसिक चित्र में सफलता की कल्पना कीजिए, बार–बार कीजिए, लगातार कीजिए, गहन कीजिए– तो हम सफल होंगे।

मानसिक चित्र में प्रसिद्धि की कल्पना कीजिए, बार–बार कीजिए, लगातार कीजिए, गहन कीजिए– तो हम प्रसिद्ध हो जाएंगे।

मानसिक चित्र में नेतृत्व की कल्पना कीजिए, बार–बार कीजिए, लगातार कीजिए, गहन कीजिए– तो हम नेतृत्वशाली बनते हैं।

ध्यान दें– यहां कल्पना का आशय यह नहीं कि उपरोक्त वस्तुएं किसी जादू के द्वारा आसमान से टपककर हमारी झोली में आ जाएंगी। यह प्रक्रिया तो हमारे जीवन में 'जीवन मार्गदर्शन प्रणाली' विकसित करने के लिए है। मनोविज्ञान के

अनुसार इस चरण से हम अपने दृष्टिकोण को एक दिशा प्रदान करते हैं और कल्पना की गई वस्तु को प्राप्त करने के लिए एक मार्ग प्रशस्त कर, उसे प्राप्त करने में जुट जाते हैं।

साधारण शब्दों में इसे हम कहें, तो हमारे द्वारा की गई कल्पना हमें कुछ करने के लिए मार्गदर्शन देती है। लेकिन यह मार्गदर्शन हमें तभी मिलता है, जब हम अपनी कल्पना के प्रति जवाबदेह बनते हैं। अगर हम अपनी कल्पना के प्रति जवाबदेह नहीं हैं, तो इच्छित परिणाम के लिए कुछ नहीं करते हैं और इच्छित परिणाम किसी चमत्कार से नहीं, वरन् हमारी कर्म शक्ति से ही मिलता है। हम अपने अवचेतन मन में अच्छी कल्पनाएं करें और जुट जाएं उन कल्पनाओं को साकार करने में, इस तरह की अच्छी कल्पना करने से हम अपने दिमाग में नकारात्मक कल्पनाओं को आने से रोक देते हैं। हममें से अधिकांश लोग अच्छी कल्पना न करने के कारण ही छोटी–छोटी नकारात्मक कल्पनाएं करते रहते हैं और परिणामस्वरूप नकारात्मक नजरिया बना लेते हैं। नकारात्मक दृष्टिकोण के कारण सफलता को प्राप्त करने के लिए कुछ भी नहीं कर पाते हैं, तो हम इस जगह यह पाते हैं कि अच्छी कल्पनाओं से अच्छे मानसिक चित्र बनते हैं। अच्छे मानसिक चित्रों से अच्छा दृष्टिकोण बनता है, अच्छा नजरिया जब व्यवहार में आता है, तो क्षमता बन जाता है और पूर्ण क्षमता से कर्म करने पर सफलता अवश्य मिलती है इसलिए यह बात सही है कि कल्पना से भविष्य को वास्तविकता में बदला जा सकता है।

हम एक उदाहरण लेते हैं, इस उदाहरण का पात्र हमें बनना है और पात्र जो कल्पना कर रहा है, वह कल्पना हमें करनी है। कल्पना करने के तुरंत बाद अपने दृष्टिकोण व मानसिक परिवर्तन को महसूस करना है। यह महसूस होते ही हमें अपनी कल्पना की शक्ति का आभास हो जाएगा। इस कल्पना का पात्र द्वितीय श्रेणी में पास होने वाला स्नातक

छात्र है, जो अब तक सफलता की रीतियों से अनभिज्ञ था और अब उसे अच्छी कल्पना–शक्ति का महत्त्व मालूम पड़ा है। अब वह कल्पना करने लगा है कि इस वर्ष वह कक्षा में प्रथम आएगा और साथ ही बैंक की प्रतियोगी परीक्षाओं में भी उत्तीर्ण होगा और स्नातक होते ही वह एक बैंक ऑफीसर बन जाएगा और वह कल्पना में रोज बैंक जाना शुरू कर देता है। इस कल्पना को वह दोहराता रहता है और जब यह कल्पना उसके दिमाग में घर कर लेती है, तो खुद को हास्यास्पद स्थिति में पाता है। लेकिन वह कल्पना उसके मन में घर कर चुकी है। वह आज की स्थिति से समझौता करने के लिए तैयार नहीं और आज की स्थिति उसे बेचैन बनाती जाती है, तब उसके पास अपनी बेचैनी को दूर करने का एक ही रास्ता होता है। वह दोस्तों की गपशप, फिल्में व टी.वी. देखने, ज्यादा सोने वाले समय में से समय निकाल कर अध्ययन में लगाए और वह ऐसा करता भी है। अब अगर इस पात्र में हमने स्वयं अपने आपको रखा है और गहनता से पात्र की मानसिकता का अनुभव किया है, तो क्या हमने निम्न अनुभव प्राप्त नहीं किएः

1. कल्पना शुरू में हास्यास्पद होती है।
2. कल्पना जब गहरी होती है, तो सोच को नियंत्रित करती है।
3. कल्पना जब और गहरी होती है, तो बेचैनी को अनुभव कराती है।
4. जब बेचैनी का अनुभव होता है, तो आशा/निराशा का अनुभव होता है।
5. आशा अथवा निराशा दोनों ही सकारात्मक व्यक्तित्त्व को कर्म के लिए मजबूर करती हैं।
6. कर्म करने का मानस बनाते ही अच्छे परिणाम भी नजर आने लगते हैं।

■

7. इच्छित परिणाम नजर आने पर कर्म करने में अधिक मन लगता है।

8. उपरोक्त अनुभव के अतिरिक्त कोई अन्य नया सकारात्मक अनुभव भी हो सकता है।

अब जब हम कल्पना की शक्ति को समझ चुके हैं, तो क्यों न अच्छी कल्पनाएं करें और भविष्य को अपनी मानसिकता के अनुरूप बदलने में जुट जाएं।

लक्ष्य आदेश

अभी हमने कल्पना से भविष्य को वास्तविकता में बदलने के बारे में जाना और पिछले अध्याय में हमें यह भी अनुभव हुए कि कल्पना किसी न किसी हद तक हमारे भविष्य को नियंत्रित करती है, क्योंकि कल्पना हमारे दृष्टिकोण को बदलती है। हमारा दृष्टिकोण हमारी कार्यशैली को बदलता है और हमारी कार्यशैली हमारा पूरा जीवन बदल देती है। इस क्रम में हमने यह भी जाना कि कल्पना की गहनता अति आवश्यक है। कल्पना गहन कैसे हो? गहरी कल्पना से गहरे मानसिक चित्र बनते हैं और यही मानसिक चित्र हमारे अवचेतन मन में जाकर हमारे जीवन को नियंत्रित करते हैं। लेकिन कल्पना गहरी केवल सोचने मात्र से नहीं हो जाती है, उसके लिए हमें लक्ष्य आदेश (गोल कमांड) बनाने होते हैं। ये लक्ष्य आदेश (गोल कमांड) हमें हर बार उस कल्पना को सोचने में लगने वाले समय की बचत में उपयोगी सिद्ध होते हैं। जब हम हमारे जीवन के लक्ष्य को एक लक्ष्य–आदेश में ढाल लेते हैं, तो उस लक्ष्य–आदेश के सामने आते ही वह पूरी कल्पना हमारे मस्तिष्क पटल में जीवंत हो जाती है।

हमारा अवचेतन मन चौबीस घंटे, पूरे हफ्ते, पूरे महीने, पूरे साल, पूरी जिंदगी बिना रुके काम करता रहता है। सामान्यतया हमारा चेतन मन चौबीस घंटे में एक बार आराम की स्थिति के लिए बाध्य है। हालांकि यह क्षमता बढ़ाई भी जा सकती

है। हमारे अवचेतन मन के पास पहले से ही इतने काम होते हैं कि अगर हम उसे अपनी महत्त्वाकांक्षा की अस्पष्ट मानसिक तस्वीर दें, तो वह उस अस्पष्ट तस्वीर को काम में नहीं ले पाता है और कई अस्पष्ट तस्वीरों से भ्रमित हो जाता है। इसी भ्रम में हमारा अवचेतन मन हमारे जीवन की 'नियंत्रण प्रणाली' को कोई स्पष्ट आदेश नहीं दे पाता। इसलिए हमें चाहिए कि हम अपनी कल्पना शक्ति को एक अच्छी मानसिक तस्वीर में बदलने के लिए गोल कमांड/लक्ष्य आदेश का सहारा लें।

लक्ष्य आदेश क्या होते हैं?

लक्ष्य आदेश है, हमारी कल्पना की उड़ान को कुछ शब्दों या वाक्यों में बांधना। यह लक्ष्य आदेश हमारे अवचेतन मन को जब बार–बार गहरे रूप में सुनने को मिलते हैं, तो हमारे अवचेतन मन में वो लक्ष्य आदेश व्याप्त हो जाते हैं। जब यह लक्ष्य आदेश गहन होते हैं, तो हमारी मानसिक तस्वीर गहन होती है और हमारे लक्ष्य आदेश की शक्ति बढ़ती है। लक्ष्य आदेश में निहित हमारी शब्द–शक्ति उस गहनता को हमारे अवचेतन मन में डाल देती है। हमारा अवचेतन मन हमारे चेतन मस्तिष्क द्वारा सोची गई तस्वीरों को देखता रहता है। लेकिन इस देखने के क्रम में अगर हम उसे कुछ सुनने के लिए भी दें, तो वो ज्यादा असरदार होगा। इसलिए हम एक लक्ष्य–आदेश बनाएं और उसे ज्यादा से ज्यादा दोहराएं। यह कार्य हम एकांत में, दिन में या रात में, कभी भी 15 से 20 मिनट खर्च करके कर सकते हैं। उदाहरण के लिए हम ये लक्ष्य आदेश बनाएं कि 'मुझे धन, संपदा चाहिए' या 'मुझे भारतीय प्रशासनिक सेवा का अधिकारी बनना है।' अब जब हम इस लक्ष्य आदेश को एकांत में बार–बार दोहराते हैं कि 'मुझे एक प्रशासनिक सेवा अधिकारी बनना है, मुझे एक प्रशासनिक सेवा अधिकारी बनना है, मुझे एक प्रशासनिक सेवा अधिकारी बनना है,' तो यह लक्ष्य आदेश हमारे अवचेतन

मन में गहन होता चला जाता है। और यह लक्ष्य आदेश दोहराते ही जिस गहनता से हमने इसकी कल्पना की होती है, वह हमारे दिमाग में एक साथ आ जाती है।

अगर आध्यात्म के बारे में आपने कुछ पढ़ा है, तो आपको मंत्र शक्ति के बारे में अवश्य पता होगा। यह मंत्र उच्चारण क्या होता है? कुछ शब्द, लेकिन उन शब्दों को इतनी बार रटा जाता है, इतनी बार दोहराया जाता है कि वे शब्द अवचेतन मन में व्याप्त हो जाते हैं। अवचेतन से वह शब्द–शक्ति असीमित मन में चली जाती है। जहां से आध्यात्म की शक्ति शुरू होती है और वह असीमित शक्ति उस शब्द–शक्ति का सहारा लेते हुए वह सब चमत्कार कर दिखाती है। और इस सबके लिए जरूरी है कि हम अपने लक्ष्य आदेश को एक मंत्र उच्चारण बनाकर रटें, यह हास्यास्पद नहीं है। सुबह, शाम, दिन या रात जब भी हमें समय मिले, हम अपने लक्ष्य आदेश को दोहराएं, अच्छा लक्ष्य आदेश बनाएं और उस लक्ष्य आदेश में उस कल्पना शक्ति को समाहित करने वाले शब्दों को प्रयोग करें और लगातार उस लक्ष्य आदेश को दोहराएं और अपने मानसिक चित्र को और गहन करते चले जाएं।

इस क्रम में जो सबसे महत्त्वपूर्ण बात है, वह है कि ये लक्ष्य आदेश तब तक अच्छी तरह काम नहीं करते हैं, जब तक हम इस प्रक्रिया को पूरे उत्साह या उत्तेजना के साथ नहीं करते। हम देखते हैं कि हम जब उत्साहित होकर किसी से बात करते हैं, तो वह व्यक्ति हमसे ज्यादा प्रभावित होता है। अगर हम मंद या ढीले–ढाले स्वर में बात करते हैं, या आलस्ययुक्त बातें करते हैं, तो सामने वाला व्यक्ति हमसे आकर्षित नहीं होता, तो यहां आकर्षण के लिए हमें हमारे लक्ष्य आदेश में उत्तेजना भरनी होगी। ढीले–ढाले लक्ष्य आदेश से हमारा अवचेतन मन आकर्षित नहीं होगा। हमारे अवचेतन मन को आकर्षित करने के लिए हमें हमारे लक्ष्य आदेश में ऐसी उत्तेजना भरनी होगी, जिसे हमारा अवचेतन

मन (सबकोंशियस माइंड) देख सके, सुन सके, हमें इस बात पर ज्यादा जोर देना होगा कि हम लक्ष्य–आदेश को उच्चारित कर उसे सुना सकें। हमने यह कई बार देखा है कि जिस काम को करने में हमें कमजोरी या डर का अहसास होता है, उत्तेजना आते ही वह काम हम चुटकी में कर देते हैं। हमने देखा है कि खेलों में उत्तेजना का कितना बड़ा उपयोग किया जाता है। जैसे ही कोई वजन उठाने वाला खिलाड़ी वजन के पास आता है, तो वह कई तरह की भाव–भंगिमाएं बनाता है, जिससे शरीर में उत्तेजना आ जाती है। वह अपने शरीर से अजीबोगरीब आवाजें निकालता है और वह आवाज उसमें उत्तेजना भरती है और उत्तेजना उसे वजन उठाने की ताकत देती है। हम देखते हैं कि वही आदमी छोटी सी उत्तेजना शरीर में आ जाने पर शक्तिशाली हो उठता है। यह बात हमारे रोजमर्रा के जीवन में भी घटित होती है, इसलिए हम जो भी अपना लक्ष्य आदेश बनाएं, उसे बार–बार दोहराएं। अच्छे शब्दों के साथ दोहराएं, उसमें उत्तेजना भरें, क्योंकि उत्तेजना यातायात नियंत्रण का कार्य करती है। उत्तेजित सोच पहले रास्ता पार करती है और सुस्त सोच पीछे रह जाती है।

उक्त कार्य के लिए दिन में कम से कम 20 मिनट दें और यह अभ्यास रोज करें। अगर हम यह प्रयास रोज करते हैं। तो कुछ ही दिनों में हमारा ध्यान विभिन्न महत्त्वाकांक्षाओं से हट कर एक महत्त्वाकांक्षा में लग जाता है। सारे प्रयास एकजुट हो जाते हैं, एक लक्ष्य को समर्पित हो जाते हैं। हमसे आज कोई पूछे कि हमारी महत्त्वाकांक्षा (एंबिशन) क्या है, तो हममें से अधिकांश लोग उसका उल्लेख नहीं कर पाते हैं या अच्छे शब्दों में उल्लेख नहीं कर पाते हैं, क्योंकि अभी तक हमने उसकी (हमारी महत्त्वाकांक्षा) कोई स्पष्ट तस्वीर नहीं बनाई है। इसलिए हमें चाहिए कि हम एक स्पष्ट तस्वीर बनाकर, एक लक्ष्य–आदेश बनाकर हमारी सोच को नियंत्रित

करें, क्योंकि यही वह सोच है जो हमारे जीवन को नियंत्रित करेगी।

कल्पना शक्ति व लक्ष्य आदेश का संगम

'कल्पना' केवल मात्र एक मानसिक विचार ही नहीं होती वरन् एक शक्ति होती है, जो हमें कुछ करने व कैसे करने के बारे में बताती है। जब हम जीवन में कल्पना–शक्ति को अनुभव करने लगते हैं, तो उसे अधिक गहन बनाने के लिए हमें लक्ष्य–आदेश की जरूरत होती है। और ये लक्ष्य–आदेश हमें उस कार्य को पूरा करने की शक्ति देते हैं। कल्पना में लगने वाले समय को कम कर देते हैं। पूर्व में हमने कल्पना–शक्ति, लक्ष्य आदेश एवं अवचेतन मन के बारे में पढ़ा। इस अध्याय में हम जानेंगे कि कैसे इन शक्तियों को मिलाकर अपने जीवन में उपयोग में लाएं?

अपने अवचेतन मस्तिष्क को, अपने मनचाहे लक्ष्यों को प्राप्त करने हेतु आदेश देने के लिए हमें उससे संपर्क साधना आना चाहिए। जब हम अपने मन को उस लक्ष्य के प्रति आकर्षित कर लेते हैं, तो मन पूरी शक्ति से उस लक्ष्य की ओर बढ़ने लगता है। इस प्रक्रिया में हमें एक साथी की आवश्यकता होगी। यह साथी हमारा सहपाठी, मित्र, अध्यापक, माता–पिता या कोई और भी हो सकता है। ज्यादा अच्छा यह है कि इस प्रक्रिया में हम अपने किसी ऐसे मित्र को साथी बनाएं, जो स्वयं जीवन में कल्पना शक्ति द्वारा मनचाहा लक्ष्य प्राप्त करना चाहता हो। क्योंकि इस प्रक्रिया में विश्वास एक प्रमुख तत्व है। जब हमें एक अच्छा साथी मिल जाए, तो इस प्रक्रिया द्वारा उसके अवचेतन मन को हम जाग्रत करेंगे और इसी प्रक्रिया द्वारा वह हमारे अवचेतन मन को जाग्रत करेगा अर्थात् दोनों एक दूसरे को इस प्रक्रिया में उतारेंगे। अगर हमें इस प्रक्रिया में कोई साथी नहीं मिलता है, तो हम इस पूरी प्रक्रिया को एक टेप रिकार्डर की मदद

से रिकार्ड कर सकते हैं और उस कैसेट को सुनकर स्वयं अवचेतन मन को जाग्रत कर सकते हैं। इस पूरी प्रक्रिया में निम्न बातों का हमें अवश्य ध्यान रखना है:

(1) पूरी ईमानदारी के साथ कल्पना करनी है।

(2) किसी भी तरह का संशय मन में नहीं आने देना है।

(3) स्वयं पर व इस प्रक्रिया में दृढ़ विश्वास रखना है।

(4) 'शार्टकट' नहीं अपनाने हैं, धैर्य रखना है।

(5) इस प्रक्रिया हेतु एक अच्छा साथी व शांत स्थान चुनना है।

(6) साथी की जगह हम 60 मिनट की कैसेट व टेप रिकार्डर का उपयोग भी कर सकते हैं।

(7) इस प्रक्रिया के दौरान हमें अन्य विचारों को अपने मन में नहीं आने देना है।

इस प्रक्रिया के निम्न चरण हैं

■ स्वयं को आराम की स्थिति में ले जाना।

■ अवचेतन मन को आराम की स्थिति में ले जाना।

■ अवचेतन मन को सुझाव/आदेश देना।

■ अवचेतन मन को पुनः साधारण स्थिति में लाना।

■ स्वयं को पुनः साधारण स्थिति में लाना।

उपरोक्त चरण इस पूरी प्रक्रिया में क्रमवार हैं और ये क्रम एक दूसरे से जुड़े होने के कारण हमें अलग–अलग प्रतीत नहीं होंगे। हमें इस प्रक्रिया में किसी भी चरण को छोड़ना नहीं है।

इस प्रक्रिया को आरंभ करने के पूर्व अपने साथी को किसी शांत जगह पर आराम से बैठने के लिए और इस प्रक्रिया को पूरा करने के लिए कहिए। इस प्रक्रिया में जो आप बोलेंगे, वह उसे सोचना मात्र है। जो भी आप कहेंगे, वह उसे अपने मानसिक चित्रों के रूप में देखना है तथा अनुभव

करना है। इतना गहन अनुभव कि वो घटना वास्तव में अगर हमारे साथ हो, तो हमें जैसे अनुभव वास्तव में प्राप्त होते हैं, वैसे ही अनुभव कल्पना में भी हो। यह एक मजेदार प्रक्रिया है और दिन में सपने देखने जैसा ही कार्य हम इस प्रक्रिया में करेंगे और सपने देखते–देखते उन काल्पनिक घटनाओं का अनुभव करेंगे और जब हम उन घटनाओं को कल्पना में अनुभव करेंगे, तो हमारा अवचेतन मन उस घटना की सत्यता का पता नहीं लगा पाएगा और वह उस घटना की तरफ आकर्षित हो जाएगा। जब वह उस घटना के प्रति आकर्षित होता है, उसी समय हमें उसे लक्ष्य–आदेश/सुझाव देने हैं और उन लक्ष्य–आदेशों को अनुभव करने के बाद वह उन्हें सत्य मान लेता है और परिणामतः हम अपने मनचाहे लक्ष्य को वास्तविकता में बदलने हेतु सक्षम बनने लगते हैं।

इस प्रक्रिया द्वारा हम किसी भी प्रकार का आदेश अपने मन को दे सकते हैं। हम चाहें तो किसी अच्छी आदत का अपनाना, बुरी आदत को छोड़ना, किसी घटना विशेष के प्रति हमारा दृष्टिकोण बदलना या समस्याओं का समाधान इस तकनीक द्वारा प्राप्त कर सकते हैं। यह प्रक्रिया अलग–अलग उद्देश्य के लिए अलग–अलग चरणों व शब्दावली के द्वारा पूर्ण होती है, परंतु सुविधा की दृष्टि से हम जो सामान्य तौर पर चाहते हैं, को केंद्रबिंदु मानकर प्रक्रिया के चरणों को पूरा करेंगे। निम्नलिखित चरणों के अलावा भी जो आप प्राप्त करना चाहते हैं, इस सूची में शामिल कर उनके अनुरूप शब्दों (सकारात्मक) को शामिल कर सकते हैं।

मान लीजिए हम चाहते हैं

1. आत्मविश्वासी बनना।
2. अच्छी आदतें अपनाना।
3. समय का सदुपयोग करना।
4. कक्षा/व्यवसाय में आगे बढ़ना।

5. परीक्षा में सफलता प्राप्त करना।

6. अपना जीवन लक्ष्य प्राप्त करना।

7. या जो भी हम चाहें............. को प्राप्त करना।

उपरोक्त बातों को अपने अवचेतन मन तक पहुंचाने के लिए हम 11 चरणों से गुजरेंगे। प्रत्येक चरण अपने आप में महत्वपूर्ण हैं, अतः सभी चरणों को पूरा करें और पूर्ण मनोयोग से करें। अब, अवचेतन मन को आकर्षित करने की प्रक्रिया को हम शुरू करते हैं।

प्रथम चरण तक पहुंचने के लिए अपने साथी को निम्न बातें करने को कहें। ध्यान रहे कि यह सब बातें आपको अपने साथी को नीचे लिखे अनुसार ही बोलनी है।

'कुछ ही क्षणों में, मैं आपको आंखें बंद करने और आराम करने को कहूंगा। उसके बाद हम इस प्रक्रिया को शुरू करेंगे। मैं अलग—अलग समय में तीन बार आपको आंखें खोलने को कहूंगा। जब भी मैं आपको आंखे खोलने को कहूंगा, तब मैं यह चाहूंगा कि वास्तव में आप आंखें नहीं खोलें। मैं चाहूंगा कि आप आंख खोलने का दिखावा करें या कल्पना करें पर वास्तव में आंखें नहीं खोलें। चलो कोशिश करें।'

(उसे कोशिश करने का समय दें)।

'बहुत अच्छा, और ध्यान दें कि जब मैं आपको एक से लेकर पांच तक गिनने को कहूंगा और उसके तुरंत बाद आंखें खोलने को कहूंगा, तब तुम्हें धीरे—धीरे वास्तव में आंखें खोलनी हैं और जाग जाना है। समझ गए आप? शुरू में मैं आंखें खोलने को कहूंगा, तब आपको आंखें नहीं खोलनी, लेकिन आंखें खोलने का दिखावा करना है और जब मैं एक से पांच तक गिनकर आंखें खोलने को कहूंगा, तब वास्तव में आंखें खोलनी हैं।'

(साथी की स्वीकारोक्ति का इंतजार कीजिए। जब 'हां' हो जाए, तभी आगे बढ़िए)।

आओ अब शुरू करते हैं:

➤ चरण – 1

सबसे पहले मैं चाहूंगा कि आप अपने स्थान पर खड़े हो जाएं और अपने हाथ पांवों को झिटकें और आराम करें।

(यह सब करने का समय दें)

बहुत अच्छा, अब आराम से कुर्सी पर बैठ जाएं और एक गहरी सांस लें और अपनी आंखें बंद कर जितनी गहरी सांस ले सकते हैं लें, और कुछ देर सांस रोक कर धीरे–धीरे सांस छोड़ें। एक बार पुनः गहरी सांस लें, शुद्ध हवा को अंदर जाते हुए अनुभव करें। सांस रोकें और धीरे–धीरे सांस छोड़ें। अपनी आंखें बंद रखें। स्वयं को पूरा ढीला छोड़ दें और पूरा आराम करें।

➤ चरण – 2

अपने ध्यान को अपने घुटने पर केंद्रित करें और अपने घुटने से नीचे आने वाले प्रत्येक अंग को ढीला छोड़ दें। अपने पांवों को ढीला छोड़ें, अपनी पिंडलियों को ढीला छोड़ें, अपने टखने को ढीला करें, अपने पंजों को ढीला छोड़ें। अपनी अंगुलियों को ढीला छोड़ें, अपने घुटने से नीचे के प्रत्येक अंग को ढीला छोड़ दें। पूरा आराम दें। अपनी जांघों को कुर्सी पर पड़ा रहने दें। अपनी कमर को ढीला छोड़ दें अब अपने सीने को ढीला छोड़, आराम से सांस लें। धीरे–धीरे आराम से सांस लें। गहरी और धीरे–धीरे सांस लें। अपने कंधों को ढीला छोड़ दें। अपनी गर्दन को ढीला छोड़ दें। गर्दन लुढ़कती है, तो लुढ़कने दें। अपने चहरे को पूरा आराम दें। सारे तनाव छोड़ दें, बिल्कुल ढीला छोड़ दें। मुंह को ढीला छोड़ दें, दांतों को ढीला छोड़ दें, दांत आपस में नहीं टकराएं। अपनी पलकों को ढीला छोड़ दें, पूरा आराम करें। अपनी

■

पलकों को भारी महसूस करें, जैसे आपको गहरी नींद आ रही है। अपने को बिल्कुल शांत महसूस करें और ज्यादा शांत!

अब मैं आपको आंख खोलने को कहूंगा। जब मैं आपको आंख खोलने को कहूंगा, तब आपकी आंखें पूरी तरह आराम में होंगी, इतनी आराम में की खुलने ही न पाएं। अब अपनी आंखों को खोलें, इन्हें खोलने की कोशिश करें। स्वयं को ज्यादा शांत, ज्यादा आरामदायक अनुभव करें। पहले से भी ज्यादा शांत।

> चरण – 3

अब में चाहता हूं कि आप कल्पना करें कि आपके सभी तनाव, आपकी सारी चिंताएं, आपके सारे डर, आपके सिर से बाहर निकल रहे हैं और कुछ दूध जैसा पदार्थ आपके सिर से बाहर आ रहा है, आपके चहरे से होता हुआ आपके कंधों से होता हुआ, आपके सीने से होता हुआ, आपकी कमर से होता हुआ, आपकी जांघों से होता हुआ, आपके घुटनों से होता हुआ, आपके पिंडलियों से होता हुआ, आपके पांवों से होता हुआ, आपके पंजों से होता हुआ बाहर निकल गया। आपकी सभी चिंताएं, सभी तनाव, सभी डर पंजे से बाहर निकल रहे हैं और आप और ज्यादा शांत हो रहे हैं और आराम महसूस कर रहे हैं।

> चरण – 4

हम पिछले चरण को दुबारा करेंगे। इस बार पहले से ज्यादा शांत, ज्यादा आराम महसूस करेंगे। पूरी तरह शांत, पूरी तरह आराम महसूस करेंगे।

मैं चाहता हूं कि आप कल्पना करें कि आपके सभी तनाव, आपकी सारी चिंताएं, आपके सारे डर, आपके सिर से बाहर निकल रहे हैं और कुछ दूध जैसा पदार्थ आपके सिर से बाहर आ रहा है, आपके चहरे से होता हुआ, आपके कंधों से होता हुआ, आपके सीने से होता हुआ, आपकी कमर से होता हुआ,

आपकी जांघों से होता हुआ, आपके घुटनों से होता हुआ, आपके पिंडलियों से होता हुआ, आपके पांवों से होता हुआ, आपके पंजों से होता हुआ बाहर निकल गया। आपकी सभी चिंताएं, सभी तनाव, सभी डर पंजे से बाहर निकल रहे हैं और आप और ज्यादा शांत हो रहे हैं और आराम महसूस कर रहे हैं।

➤ चरण – 5

अपने ध्यान को अपने घुटने पर केंद्रित करें और अपने घुटने से नीचे आने वाले प्रत्येक अंग को ढीला छोड़ दें। अपने पांवों को ढीला छोड़ें, अपनी पिंडलियों को ढीला छोड़ें, अपने टखने को ढीला करें, अपने पंजों को ढीला छोड़ें। अपनी अंगुलियों को ढीला छोड़ें, अपने घुटने से नीचे के प्रत्येक अंग को ढीला छोड़ दें। पूरा आराम दें। अपनी जांघों को कुर्सी पर पड़ा रहने दें। अपनी कमर को ढीला छोड़ दें अब अपने सीने को ढीला छोड़ें, आराम से सांस लें। धीरे–धीरे आराम से सांस लें। गहरी और धीरे–धीरे सांस लें। अपने कंधों को ढीला छोड़ दें, अपनी गर्दन को ढीला छोड़ दें। गर्दन लुढ़कती है, तो लुढ़कने दें। अपने चेहरे को पूरा आराम दें। सारे तनाव छोड़ दें, बिल्कुल ढीला छोड़ दें। मुंह को ढीला छोड़ दें, दांतों को ढीला छोड़ दें, दांत आपस में नहीं टकराएं। अपनी पलकों को ढीला छोड़ दें, पूरा आराम करें। अपनी पलकों को भारी महसूस करें, जैसे आपको गहरी नींद आ रही है। अपने को बिल्कुल शांत महसूस करें और ज्यादा शांत!

अब मैं आपको आंख खोलने को कहूंगा। जब मैं आपको आंख खोलने को कहूंगा, तब आपकी आंखें पूरी तरह आराम में होंगी। इतनी आराम में की खुलने ही न पाएं अब अपनी आंखों को खोलें। आंखें खोलने की कोशिश करें। स्वयं को ज्यादा शांत, ज्यादा आरामदायक अनुभव करें। पहले से भी ज्यादा शांत।

■

➤ चरण – 6

हम यहां इस प्रक्रिया को एक बार फिर से करेंगे। इस बार मैं आपको पहले से अधिक आराम करने को कहूंगा। किसी भी प्रकार का डर मन में नहीं रखें। आप हमेशा मेरी बात सुनेंगे इसलिए स्वयं को रोकें नहीं और पूरी तरह शांत हो जाएं।

अपने ध्यान को अपने घुटने पर केंद्रित करें और अपने घुटने से नीचे आने वाले प्रत्येक अंग को ढीला छोड़ दें। अपने पांवों को ढीला छोड़ें, अपनी पिंडलियों को ढीला छोड़ें, अपने टखने को ढीला करें, अपने पंजों को ढीला छोड़ें। अपनी अंगुलियों को ढीला छोड़ें, अपने घुटने से नीचे के प्रत्येक अंग को ढीला छोड़ दें। पूरा आराम दें। अपनी जांघों को कुर्सी पर पड़ा रहने दें। अपनी कमर को ढीला छोड़ दें अब अपने सीने को ढीला छोड़, आराम से सांस लें। धीरे–धीरे आराम से सांस लें। गहरी और धीरे–धीरे सांस लें। अपने कंधों को ढीला छोड़ दें। अपनी गर्दन को ढीला छोड़ दें। गर्दन लुढ़कती है, तो लुढ़कने दें। अपने चेहरे को पूरा आराम दें। सारे तनाव छोड़ दें, बिल्कुल ढीला छोड़ दें। मुंह को ढीला छोड़ दें। दांतों को ढीला छोड़ दें। दांत आपस में नहीं टकराएं। अपनी पलकों को ढीला छोड़ दें, पूरा आराम करें। अपनी पलकों को भारी महसूस करें जैसे आपको गहरी नींद आ रही है। स्वयं को बिल्कुल शांत महसूस करें और ज्यादा शांत! महसूस करें कि एक शांत ठंडी हवा आपके पंजों में आ रही है। वह शांत हवा आपके पंजों को आराम पहुंचा रही है। वह शांत ठंडी हवा आपके पांव को आराम दे रही है। वह हवा आपकी पिंडलियों को आराम दे रही है, वह हवा आपके घुटनों को आराम दे रही है। वह हवा आपकी जांघों को आराम दे रही है, वह ठंडी और शांत हवा आपकी कमर को आराम दे रही है। आपका सीना, आपका कंधा, आपकी गर्दन, आपका चेहरा एकदम शांत हो गए हैं। आप पूर्ण आराम में

आ गए हैं। वह शांत हवा आपकी आंखों से बाहर आ रही है। आपकी आंखें भारी हो रही हैं। आपकी आंखें पूरी तरह आराम में हैं।

➤ चरण – 7

अगले क्षण जब मैं आपको आंखें खोलने के लिए कहूंगा, तब मैं चाहूंगा कि आप यह विश्वास करें कि आपकी पलकें आपस में चिपक गई हैं। कल्पना करें कि आपकी पलकें पूरी तरह एक ही चमड़ी का हिस्सा हैं। शांत रहें और मन में कहें 'हां मैं अपनी आंखें' खोल सकता हूं। विश्वास करें, कल्पना करें कि आपकी पलकें आपस में चिपक गई हैं। अगर आपको विश्वास हो गया है, अगर आपने कल्पना में ऐसा कर लिया, तो आप अपनी आंखें नहीं खोल पाएंगे। गहरा विश्वास रखें कि आपकी पलकें आपस में चिपक गई हैं। कल्पना करें कि आपकी पलकें आपस में चिपक गई हैं, कल्पना करें कि आपकी पलकें एक चमड़ी का हिस्सा हैं। आपकी दोनों पलकें एक हो गई हैं। आप वास्तव में आंखें नहीं खोल पा रहे हैं। अब अपनी आंख खोलने का प्रयास करें। आपकी आंखों को अब आराम दें। अपने आपको आराम दें।

➤ चरण – 8

मैं चाहता हूं कि आप कल्पना करें कि आप एक 'ब्लैक बोर्ड' को देख रहे हैं और उस ब्लैक बोर्ड पर एक गोला बना हुआ है। पास में चॉक पड़ी है। उस चॉक से उस गोले में अपना नाम लिखें और उस गोले को मिटा दें। अब अपने नाम को भी मिटा दें। इस ब्लैक बोर्ड को भूल जाएं। अब मैं 10 से उल्टी गिनती शुरू करूंगा और मैं चाहता हूं कि आप उसे मन में मेरे पीछे–पीछे बोलें। जिस तरह मैं उस संख्या को बोलूं, उसी तरह आप भी बोलें और जब मैं कहूं उस संख्या को अपने दिमाग में साफ कर दें और हर बार और ज्यादा अपने आपको शांत बनाएं। 10, अपने आप से 10 कहें और अब इसे अपने दिमाग से हटा दें और शांत हो जाएं। 9, अपने

आप से 9 कहें और अब इसे अपने दिमाग से हटा दें और शांत हो जाएं। 8, अपने आप से 8 कहें और अब इसे अपने दिमाग से हटा दें और शांत हो जाएं। 7, अपने आप से 7 कहें और अब इसे अपने दिमाग से हटा दें और शांत हो जाएं। 6, अपने आप से 6 कहें और अब इसे अपने दिमाग से हटा दें और शांत हो जाएं। 5, अपने आप से 5 कहें और अब इसे अपने दिमाग से हटा दें और शांत हो जाएं। 4, अपने आप से 4 कहें और अब इसे अपने दिमाग से हटा दें और शांत हो जाएं। 3, अपने आप से 3 कहें और अब इसे अपने दिमाग से हटा दें और शांत हो जाएं। 2, अपने आप से 2 कहें और अब इसे अपने दिमाग से हटा दें और शांत हो जाएं। 1, अपने आप से 1 कहें और अब इसे अपने दिमाग से हटा दें और शांत हो जाएं। अब आपके मन में कोई संख्या नहीं बची है। आप और अधिक शांत हो गए हैं। शांति की तरंगें आपके शरीर में प्रवेश कर रही हैं।

> चरण – 9

अपने ध्यान को अपनी नाक पर केंद्रित करें। पूरा ध्यान अपनी नाक पर ले आएं और मेरी आवाज ध्यान से सुनें, अपने आपको और अधिक शांत बनाएंगे। मैं आपको आराम के चार चरणों में ले जाऊंगा, वे चरण हैं – ███ ██ और █। आप हर बार पिछले चरण से 10 गुना ज्यादा आराम प्राप्त करेंगे। अब आप आराम के █ चरण तक आ गए हैं। आप हर सांस के साथ और आराम की तरफ बढ़ रहे हैं। गहरी सांस लीजिए। कुछ देर सांस रोकिए और धीरे–धीरे छोड़िए।

█ आप हर बार पिछले चरण से 10 गुना ज्यादा आराम को प्राप्त करेंगे। अब आप आराम के █ चरण तक आ गए हैं। आप हर सांस के साथ और आराम की तरफ बढ़ रहे हैं। गहरी सांस लीजिए। कुछ देर सांस रोकिए और धीरे–धीरे छोड़िए।

█

■ आप हर बार पिछले चरण से 10 गुना ज्यादा आराम को प्राप्त करेंगे। अब आप आराम के ■ चरण तक आ गए हैं। आप हर सांस के साथ और आराम की तरफ बढ़ रहे हैं। गहरी सांस लीजिए, कुछ देर रोकिए और धीरे–धीरे छोड़िए।

■ आप हर बार पिछले चरण से 10 गुना ज्यादा आराम को प्राप्त करेंगे। अब आप आराम के ■ चरण तक आ गए हैं। आप हर सांस के साथ और आराम की तरफ बढ़ रहे हैं। गहरी सांस लीजिए। कुछ देर सांस रोकिए और धीरे–धीरे छोड़िए। अब आपके हाथ–पांव पूर्ण आराम में हैं। वे बिल्कुल हिल नहीं पा रहे हैं। आप और आराम की तरफ बढ़ रहे हैं। आपका मन एकदम शांत है। पूर्ण शांति पूर्ण, आराम।

(इसी समय हमें हमारे या साथी के अवचेतन मन को आदेश देने हैं। हमने जो लक्ष्य–आदेश बनाए थे, उन्हें अवचेतन मन में व्याप्त करना है)।

➢ चरण – 10

जो मैं कह रहा हूं उसे आप मेरे पीछे–पीछे दोहराएं:

■ मैं आत्मविश्वासी हो गया हूं, मुझे और अधिक आत्मविश्वासी बनना है।

■ मैं अच्छी आदतें सीखूंगा, मैं बुरी आदतों को छोड़ दूंगा।

■ मैं कक्षा / व्यवसाय में आगे बढ़ूंगा, मैं बहुत मेहनत करुंगा।

■ मैं हर परीक्षा में सफल होऊंगा।

■ मैं अपने से बड़ों का आदर करूंगा।

■ मैं अपने राष्ट्र से प्रेम करता हूं।

■ मुझे अपना लक्ष्य (जो भी हो.........) प्राप्त करना है।

(यहां आप जो करना चाहते हैं, को सकारात्मक शब्दों में पिरोकर लक्ष्य आदेश बना सकते हैं, लेकिन ध्यान दें कि यहां अधिकतम 4 लक्ष्य आदेशों को ही एक साथ इस्तेमाल करें।)

■

➤ चरण – 11

अब कुछ ही क्षणों में, मैं आपको जगाऊंगा और जब मैं आपको जगाऊंगा, तो आप अपने आपको शांत और आराम में महसूस करेंगे। आप अपने शरीर में स्फूर्ति को महसूस करेंगे। आपके शरीर में शक्ति आ गई है। आप अभी और पूरे दिन अच्छा अनुभव करें। आज आपको बहुत अच्छी नींद आएगी और कल जब आप उठेंगे, तो आप स्वयं को शक्तिशाली, आत्मविश्वासी, प्रभावशाली, आकर्षक महसूस करेंगे। अब मैं एक से पांच तक गिनूंगा, पांच पर आपको धीरे धीरे अपनी आंखें खोलनी हैं। धीरे–धीरे जागो, 1 धीरे–धीरे जागो, 2 धीरे–धीरे जागो, 3 धीरे–धीरे जागो, 4 धीरे–धीरे जागो, 5 धीरे–धीरे जागो, धीरे–धीरे आंखें खोलो, अपने हाथों से अपने चहरे को ढकें और शांत हो जाएं धीरे–धीरे अपने हाथ को चहरे से हटा लें (ताली बजा कर), अब जाग चुके हैं। आपको बहुत अच्छा लग रहा है। आप पहले से ज्यादा आराम में हैं, पहले से ज्यादा शांत हैं।

अतिरिक्त प्रतिक्रिया

प्रायः देखा गया है कि भौतिक विषयों की बहुसंख्या या अधिक मात्रा हमें आनंद प्रदान नहीं करती है। बहुत से आनंद–मग्न मनुष्यों के पास हम बहुत कम वस्तुएं देखते हैं। वे निश्चिंत जीवन के कारण सुखी और आनंदमय हैं। अपने देश का गौरव बढ़ाना, मित्रों से घिरे रहना, प्रेम करने का अवसर पाना, सहायता करना, उपयोगी होकर जीना, संसार को मानव–जीवन के लिए अधिक अभोगी बनाना, यही सब आनंद के मूलाधार हैं। संसार का सबसे साधारण व्यक्ति भी अपने चारों ओर इन सब पदार्थों को जुटाकर असीम आनंद को प्राप्त करता है। इसके लिए केवल एक ही शर्त है कि वह अपने चारों ओर दृष्टि दौड़ाए। वेग, दौड़, भगदड़, हाय–हाय से भरी लालसा, बैंक–बैलेंस बढ़ाने की इच्छा, इन बातों ने हमारे जीवन में बेचैनी ला दी है। मन को सुसंस्कृत कर,

शांति और सत्य से भर, सुंदर बनाकर सामाजिक आनंद उठाते हुए हम अधिक कार्य कुशलता प्राप्त कर सकते हैं। तब हमारी रचनाएं कम श्रम से ही अधिक उपयोगी और सुंदर बन सकती हैं और तब हम अधिक सुखी भी हो सकते हैं।

जब कोई बालक रात के समय जंगल में जाने से डरता है या प्रत्येक पेड़ के पीछे भूत–प्रेत की बात करता है, तो लोग उसकी हंसी उड़ाते हैं, पर हम स्वयं अपने जीवन में प्रतिदिन शायद कदम–कदम पर इस प्रकार के मिथ्या विश्वासों और भावों से ग्रस्त रहते हैं। अधिकांश लोगों के अपने–अपने मिथ्या विश्वास होते हैं और वे इस विषय में गर्व से बात करते देखे जाते हैं।

देखा गया है कि हम जिन बातों से डरते हैं, उन्हें अनजाने रूप से स्वयं ही शक्तिशाली बनाते रहते हैं। हम जिन बातों की चिंता करते हैं, चिंता उनसे ही शक्ति प्राप्त करती है। हम अपनी कल्पना से ही किसी सत्ताहीन भयमूर्ति की स्थापना करते हैं और फिर उससे डरने लग जाते हैं। यह बात हास्यास्पद प्रतीत होती है, पर सच है।

जिन वस्तुओं, घटनाओं, बात या व्यक्तियों से हम डरते हैं, उन्हें हम शक्तिशाली बनाते हैं। जिस बात की हम चिंता करते हैं, उससे चिंता सबल होती है। दुर्घटना की आशंका कर हम उसे जन्म देते हैं। कई बार हमारा यही विश्वास कि कुछ अनहोनी या कुछ दुर्भाग्यपूर्ण बात होने वाली है, सचमुच हमारे लिए दुर्भाग्य का कारण बन जाता है। यही कारण है कि जो लोग असफलता से भयभीत होते हैं, वे असफल ही हो जाते हैं। यदि हम भय में दृढ़ विश्वास रखेंगे, तो वही सब होगा। इसके विपरीत यदि हम अपनी शुभाकांक्षा में दृढ़ रहेंगे, तो वह पूरी होकर रहेगी।

जीवन के पथ पर सदैव किसी–न–किसी रूप में अपने विश्वासों को शक्ति देते चलते हैं। यदि हमारा यह विश्वास हो कि हममें कुछ गड़बड़ी है, हम दूसरों से कम हैं, तो इन्हीं

से हमारे मन में भय पैदा होता है। फिर वह अपने सहायकों, रोग संकट आदि को साथ लेकर धावा कर देता है। वह विकराल रूप धारण कर लेता है। यदि हम निरंतर सामंजस्य और समन्वय के बारे में सोचें, सदा रचनात्मक विचार करें, तो निश्चय ही हम स्वस्थ सुखी एवं संपन्न बनेंगे।

ध्यान से विचार करें कि जितनी बार हम संदेह अथवा भय की भावनाओं को व्यक्त करते हैं, उतनी ही बार हम मन को निषेधात्मक बनाते हैं। साथ ही उस बात के लिए भी मन का द्वार खोलते हैं कि जिससे हम डरते हैं। उसे आक्रमण के लिए खुला छोड़ देते हैं। इसके विपरीत यदि हम प्रत्येक बार कहें– 'हां, हां मैं यह कर सकता हूं; यह काम बनेगा, मैं इस काम को अवश्य पूरा करूंगा।' तो इस प्रकार की मानसिक प्रवृत्ति से हम अपने लक्ष्य को अपने निकट आकर्षित कर सकते हैं।

प्रत्येक विचार से एक तरंग पैदा होती है। जब कोई हमारे सामने आकर भय, निराशा या आशंका की बातें करता है, तो वह हमारे मन में ही भय, निराशा, आशंका की भावना–तरंगों को उत्पन्न करता है। अब यह हमारे अपने वश में है कि हम अपनी निर्भयता, आशा और उमंगों के प्रहार द्वारा उसकी तरंगों के प्रभाव को काट दें। स्वयं के ऊपर उसका प्रभाव न पड़ने दें।

एक व्यक्ति दवाइयों की दुकान पर गया। वहां उसने विष की शीशी मांगी। दुकानदार ने समझा कि वह आत्महत्या करना चाहता है; अतः उसने उसे एक रंगीन पानी की बोतल दे दी। घर पहुंचकर उस व्यक्ति ने अपनी पत्नी के नाम एक विदाई–पत्र लिखा। उसके पश्चात् उसने उस रंगीन पानी को पी लिया। कुछ ही क्षणों में उसे विषजन्य सब प्रकार के कष्ट होने लगे। उसे तुरंत अस्पताल पहुंचा दिया गया। डॉक्टरों ने बताया कि उसे ठीक होने में एक सप्ताह लगेगा। डॉक्टरों ने बताया कि यद्यपि उसने विष नहीं पिया, किंतु

उसमें विषपान के सभी लक्षण हैं, सारे कष्ट उसी प्रकार के हैं, जैसे विषपान से होते हैं। यदि उसे कुछ देर तक अस्पताल में न पहुंचाया जाता, तो निश्चय ही उसकी मृत्यु हो जाती।

अज्ञानवश माता–पिता निरंतर अपने शिशुओं और बच्चों के मन पर नये–से–नये भय की छाप लगाते रहते हैं। वह इसके भयंकर परिणामों को नहीं जानते। वे अपने बच्चों की भलाई करने के विचार से ही ऐसा करते हैं, पर वास्तव में उनका अहित करते हैं। शिशुओं व बच्चों के कोमल हृदय में जो भय के बीज बो दिए जाते हैं, फिर वे कभी नहीं निकलते। ऐसा न करो, तुम्हें सर्दी लग जाएगी, वहां न जाना, यह मत खाना, ऐसा न करो, वैसा न करो जैसे सैकड़ों निषेधों से हम अपने बच्चों के मन, मस्तिष्क की स्वतंत्र चिंतन–शक्ति में, उनकी स्वाभाविक अनुकूल प्रवृत्तियों में बाधा डालते हैं। परिणाम यह होता है कि बच्चों का स्वाभाविक और स्वतंत्र विकास नहीं हो पाता है। हम उन पर भय और चिंता के भाव लादकर उन्हें चिड़चिड़े व दुर्बल बना डालते हैं।

हम निरंतर जिस वस्तु का ध्यान रखते हैं, जिसके लिए हम निरंतर कार्यरत रहते हैं, वह वस्तु हम अवश्य प्राप्त कर लेते हैं। जब हम सदा भय के ही विचार में रहते हैं, उसी की ओर हमारा ध्यान और चिंतन रहता है, उसी की बात हम करते हैं, तो हमारे काम भी उसी के लिए होते हैं। परिणामतः भय साकार होकर हमारे सामने कार्य–रूप में परिणित होकर आ जाता है। डॉक्टरों ने सैकड़ों ऐसे मामले देखे, जबकि हैजे के रोगी को रोग की अपेक्षा रोग के भय के कारण समय से पूर्व ही मृत्यृ हो गई होती है। एक साधारण रोगी की अपेक्षा भयग्रस्त रोगी अधिक असाध्य होता है। भय का शरीर के विभिन्न अंगों पर तत्काल प्रभाव पड़ता है, विशेषतः गुर्दों, हृदय तथा पाचन संस्थान पर तो इसका बड़ा ही घातक प्रभाव पड़ता है। हमारी भावनाओं और मनोवृत्तियों का हमारे शरीर

के अंग–प्रत्यंग पर प्रभाव पड़ता देखा गया है। बहुत से लोग तार या टेलीग्राम देखते ही घबरा जाते हैं, चाहे उसमें कोई हर्षजनक समाचार ही क्यों न हो; उनका मानसिक संतुलन सही नहीं रह पाता।

हमारे मन तथा शरीर का घनिष्ठ संबंध है। हमारे शरीर का प्रत्येक अंग संवेदनशील ज्ञान–तंतुओं के समूह से बना है। प्रत्येक अंग का अपने प्रेरणा स्रोत मस्तिष्क से संबंध है। जब मस्तिष्क से कोई विचार किसी अंग हेतु प्रवाहित होता है, तो उस अंग का एक–एक तंतु (सेल) उससे प्रभावित होता है। प्रत्येक तंतु (सेल) में मस्तिष्क से प्रेरित भावों से तरंगें उठती हैं। फलतः हमारे हर एक विचार, क्रिया, भय, चिंता व आशा हमारे अंग, प्रत्यंग एवं व्यवहार पर गहरी छाप लगा देते हैं।

हम अपने जीवन की किसी महत्त्वपूर्ण घटना पर ध्यान दें, तो हमें स्मरण हो जाएगा कि उस घटना से पूर्व हमारा मन कई दिनों या महीनों तक बेचैन सा रहा था। उदाहरणतः परीक्षा के परिणाम, किसी पद को पाने से पूर्व अथवा व्यापार आरंभ करने से पूर्व तक हमें यही आशंका हर घड़ी घेरे रहती थी कि कहीं हमारा अनुमान गलत न हो जाए। कहीं हमारे पासे उलटे न पड़ें, कहीं हम असफल न हो जाएं। यह आशंका अथवा चिंता कहां छिपी थी? हमारे मन के किसी भीतरी कोने में छिपी थी। हमने ही उसे जन्म दिया, उस आशंका, चिंता या भय के कारण हमारा मन भारी–भारी रहता था। हम स्वयं को अस्वस्थ सा अनुभव करते थे। हम जितना भी उसे दूर करने का प्रयत्न करते, वह उतनी ही हम पर हावी हो जाती थी। उस समय हमने इस बात पर विचार नहीं किया था कि वह आशंका का भूत हमारे अपने ही मन की रचना थी, जिसे हमने स्वयं ही रचा था। हम जितना उस विषय पर विचार करते थे, उतना ही आशंका को बढ़ावा मिलता था। अनेकों व्यक्ति अपने ही मन की पैदा की हुई चिंताओं–आशंकाओं से कष्ट पाते रहते हैं। वे समझ नहीं पाते कि उनकी बेचैनी का कारण क्या है?

अकसर हम ऐसी कई छोटी–छोटी बातों की कल्पना करने लग जाते हैं, जो अभी तक हमारे जीवन में घटित ही नहीं हुई हैं। इसी तरह की कई छोटी–छोटी बातें हमारे मस्तिष्क में घूमती रहती हैं। अगर हम इन सब बातों का मूल्यांकन करें, तो पाते हैं कि इनमें से नब्बे प्रतिशत बातें तो घटित ही नहीं हुईं और जो शेष हैं, वे उस गहनता के साथ नहीं घटीं, जितनी हमें आशंका थी, तो क्यों हम व्यर्थ की चिंता करते हैं? इसलिए हमें चाहिए कि हम अतिरिक्त प्रतिक्रिया ना करें, क्योंकि यह हमारी कार्यक्षमता को कम कर हमें कमजोरी की तरफ धकेलती है एवं हमारी प्रतिभा का हनन करती है। अतिरिक्त प्रतिक्रिया द्वारा हम अगर नियंत्रित किए जाते हैं, तो व्यक्तित्त्व विकास में हमें बहुत तकलीफों का सामना करना पड़ेगा।

इन्हें भी आजमाइए

सफलता की सिद्ध रीतियों को अपने जीवन में उतारने के संकल्प के साथ–साथ हम कुछ अन्य उपाय भी कर सकते हैं। ये उपाय छोटे वाक्यों के रूप में यहां दिए जा रहे हैं। हम इन वाक्यों को अपने जीवन में उतार कर बहुपक्षीय सफलता को प्राप्त कर सकते हैं।

सुविधा की दृष्टि से हम इन्हें कई वर्ग में विभाजित कर रहे हैं तथा हर वर्ग में सफलता प्राप्त करने के लिए हमें क्या करना चाहिए, उसे आदेशात्मक वाक्यों के रूप में दिया जा रहा है। इन आदेश वाक्यों को हम लक्ष्य वाक्य बनाकर उस क्रिया में पूर्ण सफलता प्राप्त कर सकते हैं।

ये क्रियाएं जहां हमें आश्चर्यजनक सफलता देंगी। वहीं मन की शांति व स्वास्थ्य भी प्रदान करेंगी। अगर हम इन्हें 'सफलता की संजीवनियां कहें, तो कोई अतिशयोक्ति नहीं होगी।

➢ आराम के बिना आराम प्राप्त करने के लिए अकसर कार्य के दौरान हम आराम की जरूरत महसूस करते हैं, लेकिन कार्य का वह दबाव हमें आराम करने की इजाजत नहीं देता। ऐसे समय में हम निम्नांकित छोटे–छोटे उपायों के द्वारा बिना आराम किए भी स्फूर्ति प्राप्त कर सकते हैं:

1. गहरी सांस लीजिए: अपनी आंखे बंद करके, अपने मस्तिष्क को केंद्र मानकर ध्यान लगाते हुए गहरी सांसें लिजिए।

2. सकारात्मक व प्रेरक वाक्यों को दोहराइए: कुछ वाक्य ऐसे होते हैं, जिनके जेहन में आते ही मस्तिष्क गतिशील हो जाता है। ऐसे वाक्यों को याद कीजिए।

3. खूब पानी पीजिए: खूब पानी पीजिए, इससे शरीर का रक्त संचार सही बना रहेगा व स्फूर्ति रहेगी।

4. कार्यशैली, कार्यविधि, कार्यस्थल में परिवर्तन कीजिए: परिवर्तन सदैव नयापन व उत्साह देता है, अतः इसे अपनाइए।

5. चेहरे पर पानी की फुहार लें: इससे हमारा आलस्य जाता रहेगा व नई ताजगी मिलेगी।

➢ स्वयं को महसूस करें: महसूस कीजिए कि हम क्या हैं, इसके लिए

6. आंखों को आराम दीजिए: आंखें बंद करके शांति का अनुभव कीजिए, इससे आंखों को आराम मिलेगा।

7. धूप सेंकिए: धूप सेंकने से हमें ऊर्जा मिलती है व फुर्सत के इन चंद क्षणों में हम अपने उद्देश्यों व लक्ष्यों को दोहराकर पुनः तरोताजा हो सकते हैं।

8. संगीत सुनिए: संगीत सुनने से मन में भावनाओं का जन्म होता है। रक्तसंचार व स्नायु तंत्र पर भी

संगीत का प्रभाव पड़ता है। संगीत सुनते समय स्वयं का अहसास होता है।

9. एकांत में रहिएः एकांत में हम अपने पास आ सकते हैं, अपने मन के विचार जान सकते हैं, अपना व्यक्तित्त्व पहचान सकते हैं।

10. सुगंध का आनन्द लेंः सुगंध से मन प्रफुल्लित होता है और आनंद की अनुभूति होती है और जब वास्तव में आनंद की अनुभूति होती है, तब हम स्वयं को ज्यादा महसूस कर सकते हैं।

➤ नई रीतियों को सीखिएः इन नए उपायों का अनुसरण करें

11. मानसिक योजनाएं व चित्रों को काम लेंः अपने लक्ष्य का एक मानसिक चित्र बनाए व उसे बार—बार दोहराएं। आपका खून दुगुने उत्साह से दौड़ने लगेगा।

12. समय का प्रबंध कीजिएः समय का प्रबंध करने से जहां हमारे समय का सदुपयोग होगा, वहीं हमको नए कामों के लिए अतिरिक्त समय मिलेगा।

13. जल्दी—जल्दी पढ़ना सीखेंः अपनी क्षमताओं का विकास करें। एक बार में दो या चार शब्दों पर दृष्टि डालकर उन्हें पढ़ें। इससे हम जल्दी—जल्दी पढ़ने लगेंगे।

14. हर क्षेत्र की जानकारी रखेंः आप यथासंभव नए क्षेत्रों की जानकारी प्राप्त करने की कोशिश करें व हर क्षेत्र की जानकारी रखने का प्रयास करें।

15. याददाश्त बढ़ाएंः अपनी याददाश्त को बढ़ाने के लिए दिन भर में घटी घटनाओं को शाम को याद करें। ज्यादा से ज्यादा लोगों के नाम, जन्मदिन व टेलीफोन नं. याद करें।

16. अपनी आवाज सुधारेंः नाक के बजाय कंठ से बोलने का प्रयास करें, इससे वाणी में प्रभाव आएगा।

17. वाणी के प्रभाव को जानेः एक मीठी आवाज हमें मंत्रमुग्ध कर देती है। एक रोबदार आवाज हमें अपने प्रभाव में लेकर स्वतः ही अनुशासन उत्पन्न करती है। ये सब वाणी के प्रभाव हैं।

18. तरह–तरह की भाव–भंगिमाएं बनाएंः तरह–तरह की भाव भंगिमाएं बनाने से हमारे व्यक्तित्त्व में सुधार आएगा। हमारे अंदर का कलाकार जागेगा व हमें कुछ परिवर्तन भी महसूस होगा।

19. दूसरों के मन को भांपने की कोशिश करेंः दूसरों के बारे में अनुमान लगाएं कि वे क्या सोच रहें हैं। बाद में अपनी सोच को परखें।

20. अपने जीवन का व लक्ष्यों का अनुमान लगाएंः अपनी आयु के अनुसार लक्ष्य निर्धारित करें। लक्ष्य ऐसे बनाएं, जो आपके जीवित रहते प्राप्त हो सकें।

21. लक्ष्य बनाएंः निरुद्देश्य जीवन बिताने के बजाय जीवन के लक्ष्य बनाएं।

22. आध्यात्म से जुड़ेंः आध्यात्म असीमित शक्ति, शांति व प्रेरणा का स्रोत है। इससे जुड़कर शक्तिवान बनें।

23. स्वयं से बातें करेंः अपने मन के विचारों के साथ मंथन करें। स्वयं अपने विचारों का विश्लेषण करें, उन पर टिप्पणी करें।

24. ध्यान केंद्रित करेंः ध्यान लगाना सीखें, इससे क्षमताओं का विकास होगा।

➢ योग द्वारा सफलता व सुख प्राप्त करेंः

25. अपने मस्तिष्क को खाली करेंः अपने मस्तिष्क पर व्यर्थ की बातों का बोझ न डालें। उस पर जिन

व्यर्थ की चीजों का दबाव है, उसे भूल जाएं अथवा उनसे ध्यान हटाने की चेष्टा करें।

26. जीवन सिद्धांतों को देखने की कोशिश करें: अपने जीवन के सिद्धांतों को पहचानें, उन्हें देखने की कोशिश करें।

27. बड़ी–बड़ी कल्पना करें: आप बड़े से बड़े लक्ष्य के बारे में कल्पनाएं करें। अपना लक्ष्य सितारों को बनाइए, ताकि अगर प्रयास कम भी पड़ गए, तो आप चांद पर तो पहुंच ही जाएंगे।

28. शुद्ध चित्रों को देखें: अपने जीवन लक्ष्यों को सूक्ष्म चित्रों की शक्ल प्रदान करें, एक ऐसा चित्र जिसे देखकर हमको हमारे संपूर्ण जीवन के लक्ष्यों का ध्यान आए, को बार–बार देखें व सोचें।

29. सुख–संपदा को देखें: जैसा हम सोचते हैं, वैसा ही हमारे साथ घटित होता है। अतः सुख संपदा को देखें।

30. लक्ष्य का मानसिक चित्र बनाएं: अपनी कल्पना में अपने लक्ष्यों को चित्रों को शक्ल प्रदान करें। इन मानसिक चित्रों को बार–बार याद करें।

➢ अवचेतन मन को जाग्रत करें: हमने अवचेतन मन के बारे में पिछले अध्यायों में बहुत कुछ पढ़ा, इसे जागृत करने हेतु निम्न उपाय काम में लें:

31. प्राणायाम करें: प्राणायाम करने से इंद्रियों पर अंकुश प्राप्त होता है व कुंडिलियां जागृत होती हैं, इससे अवचेतन मस्तिष्क प्रभाव में आने लगता है व उस पर नियंत्रण स्थापित होता है।

32. अनुमान को विकसित करें: आप अपने अनुमान का विकास करें। अपने दैनिक जीवन से जुड़ी घटनाओं के बारे में अनुमान लगाकर उसकी सत्यता को जांचें।

33. स्वयं की अच्छी व बुरी छवि को सोचें: आप स्वयं की एक अच्छी छवि को मन में सोचिए व फिर एक बुरी छवि को मन में सोचिए। आपको स्वयं फर्क महसूस हो जाएगा कि अच्छी छवि व बुरी छवि से आपके व्यक्तित्त्व का कौन सा रूप समाज के सामने आएगा।

➢ शरीर का ध्यान रखें: कहा जाता है कि पहला सुख निरोगी काया। अतः शरीर का विशेष ध्यान रखें।

34. मांसपेशियों को आराम दें: थोड़े समय अपने शरीर को शिथिल छोड़ दीजिए, इससे मांसपेशियों को आराम मिलेगा व उनकी क्षमता बढ़ेगी।

35. स्वयं की मालिश करें: मालिश करने से शरीर के सभी रंध्र खुल जाते हैं। रोमों की सफाई हो जाती है, त्वचा विकार व चर्म रोग नहीं होते।

36. पूरी नींद लें: कम नींद लेने से आदमी चिड़चिड़ा, कमजोर व अस्वस्थ हो जाता है। एक स्वस्थ मनुष्य को नींद स्वाभाविक रूप से आती है। अतः 6 घंटे की नींद अवश्य लें।

37. खड़े होना, बैठना व चलना आदि को सुधारें: अगर आप गलत तरीके से अपनी गतिविधियां करते हैं, तो निश्चित तौर पर आपके शरीर के कुछ भागों में दर्द होगा, अतः इन गतिविधियां को सुधारें।

38. कमर का ध्यान रखें: अपनी कमर का ख्याल रखें, अन्यथा आप अपनी दिनचर्या का निष्पादन सही ढंग से व पूरी क्षमता से नहीं कर पाएंगे।

39. योगासन करें: योग में शरीर को स्वस्थ रखने के लिए विभिन्न आसन बताए गए हैं।

40. पैदल चलें: पैदल चलने से हल्का—फुल्का व्यायाम हो जाता है। अतः सुबह या शाम को किसी पार्क या

बगीचे में अवश्य टहलें। अगर कार्यस्थल घर से ज्यादा दूर न हो, तो पैदल ही जाएं।

41. सीढ़ियां चढ़ें: सीढ़ियां चढ़ने से रक्त–संचार सही बना रहता है, अतः लिफ्ट के बजाय सीढ़ियों का उपयोग करें।

42. व्यायाम करें: अपनी आयु के अनुसार व्यायाम अवश्य करें।

➢ यह तो अवश्य करें:

43. मंत्र जाप करें: किसी इष्ट देव के मंत्र के जाप करें, इससे मन को शांति मिलेगी।

44. गुनगुनाएं: किसी पसंदीदा गीत को गुनगुनाएं, इससे भी आप अपने आपको खुश पाएंगे।

45. पूजा करें: पूजा करने से चित्त में एकाग्रता आती है, अतः एकाग्रता लाने हेतु पूजा करें।

➢ जब करने को कुछ न हो, तो यह करें:

46. चाय पार्टी बुलाएं: अपने कुछ पुराने दोस्तों व रिश्तेदारों को किसी शाम चाय–पार्टी पर बुलाएं। इससे जहां संबंधों में मधुरता बनी रहेगी, वहीं आप भी प्रसन्न रहेंगे।

47. दोस्तों से संपर्क करें: अपने दोस्तों से संपर्क करें। इससे जहां पुरानी यादें ताजा हो जाएंगी, वहीं आपसी प्रेम भी बना रहेगा।

48. खिलौनों से खेलें: खिलौनों से खेलने से हमारी रुचियों का रुझान हमें पता लगता है। अपनी क्रियात्मकता व सृजनशीलता का आभास होता है व एक नया अहसास तथा बचपन का आभास होता है।

आवश्यकता के सिद्धांत का अवलोकन (कार्यशाला–■) करने के बाद, हम देखते हैं कि मनुष्य की आवश्यकताएं विभिन्न चरणों में विभाजित हैं। इन आवश्यकताओं का एक क्रम भी निर्धारित किया गया है। ये आवश्यकताएं हमें कर्मानुसार प्रभावित तो करती हैं, परंतु साथ ही इनका प्रत्येक चरण थोड़ा–थोड़ा प्रभावित करता है। आवश्यकताओं का प्रथम चरण प्राथमिक आवश्यकता है, तो अंतिम चरण आध्यात्मिक आवश्यकता है। महत्त्वाकांक्षाओं का चुनाव एक अत्यंत गंभीर प्रक्रिया है, अतः हमें जीवन की सभी आवश्यकताओं को लघु खंडों में विभाजित करते हुए सभी प्रमुख आवश्यकताओं को शामिल करना होगा। महत्त्वाकांक्षा का चुनाव करते समय हमें अपनी कल्पना शक्ति का सहारा लेना होगा। जितनी गहरी व पारदर्शी हमारी कल्पना होगी, उतनी दूरदर्शी हमारी महत्वाकांक्षा होगी। इस जीवन में हम जो भी महत्त्वाकांक्षा बनाते हैं, उसे हमें छोटे–छोटे लक्ष्यों में विभाजित करना होगा और लक्ष्यों को विभाजित करते समय निम्न बातों का ध्यान रखना होगाः

1. लक्ष्य संक्षिप्त व विशिष्ट हों

लक्ष्यों को निर्धारित करते समय इस बात का ध्यान रखना होगा कि वे लक्ष्य एक या दो वाक्यों में लिखे जा सकें।

ज्यादा लंबे पैराग्राफ होने पर लक्ष्य जटिल व अस्पष्ट हो जाते हैं, इसलिए लक्ष्य को निर्धारित करते समय अवधि व मात्रा का ध्यान रखना जरूरी है।

2. लक्ष्य मापने योग्य हों

लक्ष्यों का चुनाव करते वक्त उसे किसी मापने योग्य इकाई में विभाजित करना जरूरी होता है। लक्ष्य को मापने योग्य बनाने से उसमें विशिष्टता आ जाती है और ऐसे लक्ष्य ज्यादा जल्दी प्राप्त किए जा सकते हैं। उदाहरण के लिए एक लक्ष्य है 'हमें आज बहुत पढ़ाई करनी है' को अगर हम विशिष्ट व मापने योग्य बनाना चाहते हैं, तो हम लिख सकते हैं– 'हमें आज छः घंटों में इतिहास के दस अध्याय पढ़ने हैं।'

3. लक्ष्य स्वीकार करने योग्य हो

लक्ष्य बनाते समय हमें ध्यान रखना होगा कि लक्ष्य हमारे किसी आदर्श, सिद्धांत या मूल्यों से टकराव न रखता हो। अगर लक्ष्य हमारे नैतिक मूल्यों से टकराहट रखता है, तो हमारा अवचेतन मन उन्हें पूर्ण रूप से स्वीकार नहीं करता और उन्हें प्राप्त करने में पूर्ण रूप से जुट नहीं पाता। इसलिए हमें बिना किसी दबाव के अपने नैतिक मूल्यों एवं सिद्धांतों द्वारा स्वीकार होने वाले लक्ष्य बनाने होंगे।

4. लक्ष्य वास्तविक हो

लक्ष्य निर्धारण के समय हमें ध्यान रखना होगा कि लक्ष्य वास्तविकता के धरातल से जुड़े हुए हों। लक्ष्य निर्धारित करते समय हमें अपनी शक्तियों व कमजोरियों को भी ध्यान में रखना आवश्यक है। साथ ही हमें प्रतिभा, रुचि व वर्तमान स्थिति को भी ध्यान में रखना होगा।

5. लक्ष्य की समय सीमा निर्धारित हो

लक्ष्य निर्धारण करते समय लक्ष्य प्राप्ति की समय सीमा निर्धारित करना अति आवश्यक है। लक्ष्य कितना भी विशाल

व कितना भी दूर क्यों न हो, अगर उसे हम समय सीमा में बांध देते हैं, तो उसे प्राप्त करने में अधिक जोश व निष्ठा का संचार स्वयं में कर पाते हैं। दीर्घकालीन लक्ष्यों से ज्यादा आसान छोटे–छोटे अल्पकालीन लक्ष्य होते हैं।

6. लक्ष्य प्रगतिशील व विस्तार योग्य हों

लक्ष्यों के निर्धारण के समय हमें दूरदर्शिता को काम में लेना होगा। हमें लक्ष्य इस तरह बनाने चाहिए, जिसमें हमारी प्रतिभा व संसाधनों में हुई वृद्धि के अनुसार हम उन लक्ष्यों में भी विस्तार कर सकें।

उपरोक्त बिंदुओं को ध्यान में रखते हुए अपना व्यक्तिगत लक्ष्य पत्र (पुस्तक के अंत में दिए गए प्रारूप के अनुसार) बनाएं और उसे दुबारा लिखकर दूसरे प्रारूपानुसार निश्चित कर लें और लक्ष्य–पत्र बनाते समय व बनाने के बाद निम्न बातों का ध्यान रखें:

1. स्पष्ट लक्ष्यः हम क्या चाहते हैं, कितना चाहते हैं को भली–भांति माप कर चरणों की संख्या के अनुसार लिखें। उदाहरण के लिए 'मुझे धन कमाना है' और 'मुझे इस वर्ष 2 लाख रुपये कमाने हैं'। दिशाहीन व अनंत लक्ष्यों को प्राप्त करना संभव नहीं है, इसलिए लक्ष्य पूर्णतया स्पष्ट होने चाहिए।

2. लक्ष्य आदेशः बनाए गए लक्ष्यों को सकारात्मक शब्दों में पिरोकर ग्रहण किया जा सकता है। लक्ष्य आदेश बनाकर उन्हें दिन में कई बार दोहराना चाहिए। लक्ष्य आदेश संक्षिप्त, सक्रिय, उत्तेजक होने चाहिए। उदाहरण के लिए 'मुझे आई.ए.एस अधिकारी बनना है।'

3. उपयुक्त कारणः बनाए गए लक्ष्यों को प्राप्त करने के लिए हमारे मन में उन्हें प्राप्त करने का उपयुक्त कारण भी होना चाहिए कि हमने क्यों यह लक्ष्य

बनाए हैं और प्राप्त करने के कारण भी ज्ञात होने चाहिए और यह कारण लिखित होने चाहिए।

4. लघु खंडों में विभाजित लक्ष्यः लक्ष्य बनाने के बाद उन लक्ष्यों को छोटे–छोटे खंडों में बांट लेना चाहिए, ताकि उन लक्ष्यों को प्राप्त करने में आसानी हो जाती है। उदाहरण के लिए 'मैं इस साल अपना वजन 12 किलो ग्राम कम/ज्यादा करूंगा' के बजाय मैं अपना वजन हर महीने एक किलो कम/ज्यादा करूंगा।

5. लक्ष्यों को सार्वजनिक करेंः जो भी लक्ष्य हमने बनाए हैं, उसकी कार्ययोजना व लक्ष्य दोनों को अपने मित्रों व परिवारजनों को बताएं और उनसे यह भी पूछना चाहिए कि हम और अच्छी कार्य योजना कैसे बना सकते हैं। लक्ष्यों को दोस्तों व परिवारजनों के साथ बांटने से हम अधिक निष्ठावान हो जाते हैं। लक्ष्यों को प्राप्त करने की शर्त लगाइए व चुनौती स्वीकार करिए।

6. साथी तलाशिएः हमारे जैसे ही लक्ष्य जिन लोगों के हों, उनसे संपर्क बनाइए। अगर दोस्त व परिवारजनों में से किसी का लक्ष्य हमारे जैसा ही है, तो यह और भी उपयुक्त बात है। एक ही लक्ष्य वाले लोगों के साथ रहने से कार्य क्षमता व विश्वास दोनों मजबूत होते हैं। उदाहरण के लिए अगर हम किसी प्रतियोगी परीक्षा पास करने की सोचते हैं, तो ऐसे समूह में चले जाएं, जहां अधिकांश लोगों का यही लक्ष्य हो।

7. छोटी जीतः बड़े लक्ष्यों को लघु खंडों में विभाजित करने के बाद छोटे–छोटे खंडों में प्राप्त होने वाली विजय को पूर्ण आनंद के साथ महसूस करें। छोटी जीत का उन्माद हमें बड़ी जीत के लिए प्रेरित करता है।

8. संपूर्णता की कल्पनाः लक्ष्य निर्धारण में यह सबसे महत्त्वपूर्ण कदम है। जब हम किसी कार्य को अपनी कल्पना में पूर्ण होता देख लेते हैं, तो उसकी कार्य–योजना प्रभावी रूप से बना सकते हैं। कल्पना द्वारा हम अपनी विजय को देख सकते हैं। जब हम मानसिक चित्रों में अपनी विजय को देखते हैं, तो हमारा अवचेतन मन हमें विजय के प्रति पूर्ण आश्वस्त रखता है तथा हम मार्ग में आने वाली बाधाओं से नहीं घबराते हैं।

9. उपरोक्त बातों को दोहराते हुए निम्न का ध्यान रखें:

- लक्ष्य लिखित हो।
- लिखित लक्ष्यों को 24 घंटों में चार बार जरूर देखें।
- लक्ष्य व्यावहारिक हो।
- लक्ष्य हमारे सिद्धांत व नैतिक मूल्यों के खिलाफ न हो।
- लक्ष्यों को प्राप्त करने का कारण हमें ज्ञात हो।
- लक्ष्यों की समय सीमा निर्धारित हो।
- समय–समय पर लक्ष्य व उनकी प्रगति को सार्वजनिक करते रहें।
- एक लक्ष्य से दूसरे लक्ष्य में सामंजस्य निर्धारित करें।
- छोटी जीत का पूर्ण आनंद मनाएं।
- लक्ष्यों को लघु खंडों में विभाजित करें।
- लक्ष्य प्राप्ति में साथी की तलाश करें।
- समय–समय पर प्रगति का मूल्यांकन करें।

- जरूरत पड़ने पर प्रोफेशनल व्यक्तियों की मदद लें।
- अतिरिक्त प्रतिक्रिया न करें।
- लक्ष्यों की सफलता के प्रति आश्वस्त रहें, शंका ना करें।
- लक्ष्यों को प्राथमिकता के आधार पर चुनें।
- हर महीने अपनी प्रगति की रिपोर्ट बनाएं।
- सफलता मंजिल नहीं, वरन एक पड़ाव मात्र है।
- स्वयं पर विश्वास रखें।
- सुबह व शाम हर रोज दोहराएं कि हां, मैं एक विजेता हूं!'

इससे कोई फर्क नहीं पड़ता है कि हमारी उम्र, शरीर, वर्ण या वर्ग कैसा है या हम कैसे दिखते हैं। आकर्षक व्यक्तित्त्व के लिए हमें सकारात्मक व्यक्तित्त्व की जरूरत होती है। सकारात्मक व्यक्ति किसी को भी, कहीं भी आकर्षित कर सकता है।

आकर्षक व्यक्तित्त्व और शारीरिक आकर्षण में बहुत फर्क होता है। शारीरिक आकर्षण में प्राकृतिक रूप से कोई विशेष परिवर्तन नहीं किए जा सकते हैं। लेकिन आकर्षक व्यक्तित्त्व को रीतियों द्वारा सीखा व अमल में लाया जा सकता है। इस अध्याय में हम आकर्षक व्यक्तित्त्व को बढ़ाने वाली कलाओं व रीतियों का अध्ययन करेंगे।

आकर्षक व्यक्तित्त्व कोई रहस्य या जादू नहीं। ये तो केवल कुछ रीतियों को सीखना मात्र है, जिन्हें हम बड़ी आसानी से सीख सकते हैं। आकर्षक व्यक्तित्त्व के धनी व्यक्तियों का अध्ययन करने से पता चलता है कि वे जन्म से आकर्षक नहीं थे। हम रोजमर्रा के जीवन में देखते हैं कि कुछ स्त्री–पुरुष बूढ़े होने के बावजूद भी आकर्षक होते हैं। वे किसी को भी अपनी ओर आकर्षित कर सकते हैं (बावजूद इसके कि उनके चेहरे पर झुर्रियां व कमर झुकी हुई होती है)। कुछ लोग काले, कुरूप, अपाहिज, नाटे कद के होने के

बावजूद भी बड़े आकर्षक होते हैं। इस आकर्षण को सीखने की कोई उम्र नहीं होती है। हम इसे उम्र के किसी भी पड़ाव में सीख सकते हैं। आकर्षक व्यक्तित्त्व के लिए जो सबसे ज्यादा प्रभावित करने वाला तत्व है, वह है हमारी सोच। हमारी सकारात्मक सोच ही हमें आकर्षक बनाती है। आकर्षण हमारे बाहरी शरीर में न होकर हमारे भीतरी शरीर में होता है, जो हमारी सकारात्मक सोच से बाहर आने लगता है।

कुछ लोगों में चुंबकीय आकर्षण क्यों होता है? उन लोगों को आंखों से संपर्क करने की कला, आंखों की भाषा, चेहरे पर सदा मुस्कराहट, अच्छा व विशाल शब्दकोष, वाणी का प्रभाव आदि गुणों को स्वयं में समाहित करना आता है। वे व्यक्ति किसी भी समूह, व्यवसाय या समाज को शीघ्र ही अपनी उपस्थिति का एहसास कराकर नेतृत्व प्राप्त कर लेते हैं।

नेतृत्व

'नेता' शब्द से ज्यादातर लोग भ्रमित हो जाते हैं। वे केवल राजनेता को ही नेता मानते हैं, जबकि नेता जीवन के हर क्रियाकलाप में हो सकते हैं। एक छोटे बच्चे से लेकर वयोवृद्ध तक कोई भी, कभी भी नेता हो सकता है, बशर्ते उसमें नेतृत्व करने के गुण हों।

नेतृत्व विकास एक ऐसी प्रक्रिया है, जो सतत् चलती है, क्योंकि नेता केवल पद या जन्म से नहीं बन जाता। संगठन की स्थापना करना, योजनाएं बनाना इतना कठिन कार्य नहीं है। नेता की वास्तविक कसौटी यह है कि वह बहुत भिन्न रुचि और प्रवृत्ति के लोगों को भी उनकी समान वेदनाओं व भावनाओं के आधार पर एकत्र रख सकता है या नहीं? और यह कार्य बड़े सहज रूप में ही होता है। बलपूर्वक प्रयत्न करके नहीं।

नेतृत्व का क्षेत्र चाहे व्यवसाय, सेवा, राजनीति, आध्यात्म या जो भी हो, नेतृत्व करने वाले व्यक्ति में निम्न गुण अनिवार्य रूप से होने चाहिए:

➤ सेवा और स्नेहः नेता के दायित्व को निभाना बहुत ही कठिन कार्य है। इसके लिए व्यक्ति को 'दासस्य दासः' अर्थात् दासों का दास बनना पड़ता है और सहस्रों हृदयों को अपने अंदर समाहित करना पड़ता है। संगठन व सबके प्रति सेवा भाव रखने वाला ही सच्चा स्वामी बन सकता है। ईर्ष्या और स्वार्थ का लेशमात्र भाव न रहने पर ही व्यक्ति, सफल नेता बन सकता है।

➤ आत्मत्याग, न कि आत्महठः नेतृत्व की भावना आत्मत्याग में है, न कि आत्महठ में। दूसरों के हृदय व जीवन पर शासन करने के पूर्व व्यक्ति को दूसरे व्यक्ति की आज्ञा पर आगे बढ़कर अपना सर्वस्व देने के लिए तत्पर रहना चाहिए। सर्वप्रथम त्याग करने की सिद्धता रखनी चाहिए। सुभाषचंद्र बोस के जीवन का सैनिक क्रांति एक किस्सा है। एक दिन वार्त्ता के दौरान किसी ने उनसे पूछा कि जो सैनिक बंदूकों, शस्त्रों, अस्त्रों, एवं खाद्य सामग्री से संपन्न थे, जो अनुभवी धुरंधर थे, वे इतनी बुरी तरह क्यों हारे? उन्होंने उत्तर दिया कि 'उनके नेता स्वयं आगे न बढ़कर पीछे किसी सुरक्षित स्थान से ही चिल्लाते थे, 'लड़े जाओ बहादुरो, लड़े जाओ, आदि, किंतु जब तक आज्ञा देने वाला सेनाधिकारी आगे नहीं बढ़ता और मृत्यु का सामना नहीं करता, तब तक साधारण सैनिक पूरे मन से नहीं लड़ सकता।' नेतृत्व के प्रत्येक क्षेत्र में यही बात है। नायक को अपने शीश का बलिदान देना ही होगा यदि हम किसी लक्ष्य के लिए सर्वस्व का उत्सर्ग कर सकते

हैं, केवल तब ही हम नेता बनने के अधिकारी हैं। अगर हम सब पर्याप्त त्याग के बिना ही नेता बनने के चक्कर में रहते हैं, तो इसका परिणाम शून्य है।

➤ निष्पक्षता एवं व्यक्ति निरपेक्षताः पक्षपात सभी बुराइयों की जड़ है। कहने का अभिप्रायः है यदि हम एक के प्रति दूसरे की अपेक्षा अधिक स्नेह प्रदर्शित करते हैं, तो विश्वास रखें कि हम भावी संकटों के बीज बो रहे हैं। वह व्यक्ति कभी सफल नेता नहीं बन सकता, जिसके स्नेह में थोड़ा भी ऊंच–नीच का भेद हो। जिसका स्नेह अनंत है, समस्त संसार उसके चरणों को पूजता है।

➤ सहानुभूति और सहिष्णुताः यदि कोई हमारे पास आकर अपने किसी भाई की बुराई करने लगे, तो उसकी बात बिल्कुल मत सुनो। निंदा सुनना भी पाप है और इसी में भावी संकट के बीज निहित हैं। प्रत्येक की कमियों को सहन करें। यदि हम सबको निस्वार्थ भाव से प्रेम करेंगे, तो शनैः शनैः सब भली प्रकार समझ जाएंगे कि एक का हित दूसरे के हित पर निर्भर करता है और तब ही उनमें से प्रत्येक ईर्ष्या भाव को त्याग देगा।

➤ शिशुवत् नेतृत्व ही सर्वोत्तमः कुछ लोग मार्गदर्शन मिलने पर बहुत अच्छा कार्य कर सकते हैं। प्रत्येक व्यक्ति नेता बनने के लिए पैदा नहीं हुआ है। स्वामी विवेकानन्द के कथनों अनुसार सर्वोत्तम नेता वही है, जो एक शिशु के समान नेतृत्व करता है। शिशु अंदर से दिखने पर तो सभी का आश्रित है, किंतु वस्तुतः वही संपूर्ण परिवार का सम्राट होता है। नेतृत्व करने का थोड़ा–सा भी दिखावा अन्यों में ईर्ष्या का भाव भड़काकर सब कुछ चौपट कर डालता है।

➢ मुस्कराहटः एक चीनी कहावत के अनुसार जिस मनुष्य का मुखमंडल मुस्कराता हुआ नहीं है, उसे दुकान नहीं खोलनी चाहिए, क्योंकिः

■ इस पर खर्च कुछ नहीं आता, परंतु यह पैदा बहुत करती है। इसे पाने वाला मालामाल हो जाता है। परंतु देने वाले दरिद्र नहीं होते।

■ यह एक क्षण में उत्पन्न होती है और इसकी स्मृति कभी–कभी सदा के लिए बनी रहती है। यह संगठन और परिवार में सुख उत्पन्न करती है। व्यापार में ख्याति बढ़ाती है और समर्थन के लिए किया हुआ मित्रों का हस्ताक्षर समान है।

➢ सुवक्ता व सुश्रोताः एक सफल नेतृत्व के लिए व्यक्ति को सुवक्ता व सुश्रोता होना आवश्यक है। सुवक्ता बनने के लिए अभ्यास जरूरी है। नेतृत्वशाली व्यक्ति को लोक भाषण–कला में पारंगत होना चाहिए। इस अध्याय के अंत में लोक भाषण–कला पर संक्षिप्त प्रकाश डाला जा रहा है।

➢ नेतृत्व विकास हेतु टिप्स

1. अपनी शक्तियों व कमजोरियों को ज्ञात करना।

2. विभिन्न संस्कृतियों की जानकारी रखना व सब का सम्मान करना।

3. स्वयं की निर्णय शक्ति का प्रयोग करना।

4. स्वयं की जिम्मेदारियों को ज्ञात करना व निभाना।

5. अपने अधिकारों को ज्ञात करना व प्रयोग में लेना।

6. पारदर्शिता अपनाना।

7. लक्ष्य निर्धारित करना व कार्य की समीक्षा करना।

8. स्वयं व अपने साथियों पर विश्वास करना।

9. टीम बनाते समय 'हाथ वाले व्यक्ति' व 'दिमाग वाले व्यक्ति' का सामंजस्य बनाना।

10. संपूर्ण कार्य योजना बनाना व सभी साथियों को समझाना।

11. आपातकालीन परिस्थितियों में संयम बनाए रखना।

12. अति आशावादी के स्थान पर केवल आशावादी बनना।

13. निम्न बातों से बचें:

- पूर्व की गल्तियों से नहीं सीखना।
- लचीला रुख नहीं अपनाना।
- अपने भूतकाल को स्वीकार नहीं करना।
- नेतृत्व के बजाय आदेश देना।
- साथियों के विचार नहीं सुनना।
- अपनी जरूरतों को प्राथमिकता देना।
- विनोदप्रिय नहीं होना।
- नकारात्मक सोच रखना।

14. निम्न गुणों को अपनाएं:

- जिज्ञासा
- विनोदप्रियता
- ईमानदारी
- सहयोग
- साहस
- दूरदृष्टि
- कर्मठता
- संयम
- अनुशासन
- चरित्र

15. लोगों को अपने विचार का बनाने के लिए युक्तिपूर्ण रीतियों को अपनानाः

युक्ति–1 : विवाद से लाभ उठाने की एकमात्र रीति यह है कि विवाद न किया जाए।

युक्ति–2 : दूसरे मनुष्य की सम्मति का सम्मान कीजिए। कभी किसी से मत कहिए कि वह गलती पर है।

युक्ति–3 : मित्रता के ढंग से आरंभ कीजिए।

युक्ति–4 : दूसरे मनुष्य को अधिक बातें करने दीजिए।

युक्ति–5 : दूसरे व्यक्ति के दृष्टिकोण से चीजों को देखने का निष्कपटतापूर्वक प्रयत्न कीजिए।

युक्ति–6 : दूसरे लोगों में सच्ची दिलचस्पी लीजिए।

युक्ति–7 : मुस्कराइए।

युक्ति–8 : याद रखिए कि मनुष्य का अपना नाम उसकी भाषा में उसके लिए सबसे मधुर और सबसे महत्त्वपूर्ण शब्द है।

युक्ति–9 : अच्छा श्रोता बनिए। दूसरों को उनके अपने विषय में बातें करने के लिए प्रोत्साहित कीजिए।

युक्ति–10 : दूसरे व्यक्ति को महत्त्वपूर्ण अनुभव कराइए – और सच्चे हृदय से कराइए।

आकर्षक व्यक्तित्त्व के आधार

प्रत्येक व्यक्ति आज स्वयं को आकर्षक बनाना चाहता है और वह चाहता है कि उसके संपर्क में आने वाला प्रत्येक व्यक्ति उससे प्रभावित रहे। कुछ सामान्य शिष्टाचार व नियम ऐसे हैं, जो हमें प्रत्येक परिस्थिति में आकर्षक बनाए रखते हैं।

शिष्टाचार

नम्र व्यवहार के लिए हमें कुछ भी चुकाना नहीं पड़ता, लेकिन यह हमें बिना मांगे सब कुछ दे देता है। शिष्टाचार अपनाने से हमारे व्यक्तित्त्व में चुंबकत्व आने लगता है, जो दूसरे सद्गुणों को आकर्षित करता है। जब हम अपने से बड़ों का आदर व छोटे को प्रेम देते हैं। अपने सहकर्मियों व अधीनस्थ कर्मचारियों को सम्मान देते हैं, तो हम उनके प्रिय बन जाते हैं। हमें शिष्टाचारयुक्त शब्दों का भी उपयोग करना चाहिए। आप कैसे हैं, 'जी' आपने कुछ कहा, 'जी अच्छा', 'लीजिए श्रीमान', 'जी महोदया' जैसे शब्दों का वाक्यों में प्रयोग हमारी सामान्य बातों को भी शोभा प्रदान करेगा। कभी भी किसी से गाली–गलौच या तू–तड़ाक से बात नहीं करें। कहीं भी अपनी वाणी या विचारों में असभ्यता या अश्लीलता न आने दें। इस प्रकार के विचारों से हम अपना ही मानसिक संतुलन बिगाड़ कर अपना नुकसान कर बैठते हैं। दूसरों को अपमानित करने वाला व्यक्ति स्वयं सम्मान का पात्र कभी नहीं बन सकता है। अगर हम दूसरों को 'जी' कहते हैं, तो वे भी हमको आदरपूर्वक ही संबोधित करेंगे।

➤ स्वयं से जुड़े लोगों को महत्त्व दें

दो लोगों का समान विचारधारा का होना संभव नहीं। अतः हम अपनी विचारधारा को ही श्रेष्ठ न मानें। दूसरों की बात सुनें व उसे भी उतना ही महत्त्व दें, जितना हम दूसरों से अपने लिए चाहते हैं। इससे हम दूसरों की भी सुनेंगे व बातचीत का प्रवाह बना रहेगा। हो सकता है कि हम किसी बात से असहमत हों, अगर ऐसा है भी तो उत्तेजित होने के स्थान पर उन्हें प्यार से समझाएं। अगर वे नहीं मानते हैं, तो भी भविष्य में होने वाली हानि उन्हें स्वतः ही हमारा समर्थक बना देगी।

➤ अपने लक्ष्य से प्यार करें

अपने लक्ष्यों से प्यार करना सीखें, कभी भी कोई भी काम छोटा या बड़ा नहीं होता। अतः पूरी लगन के साथ अपना कार्य करें। अपने कार्य के संपादन में तत्परता, तन्मयता व निष्ठा दिखाएं। छोटे–छोटे कामों को करने में भी कुशलता का ध्यान रखें, क्योंकि इन छोटी–छोटी बातों से ही वस्तुतः हमारी छवि का निर्धारण होता है, अतः प्रत्येक कार्य को पूरी मेहनत व लगन से करें।

➤ व्यवहार में सरलता लाएं

स्वयं की श्रेष्ठता इसी में है कि हम स्वयं को श्रेष्ठ न मानें। अपनी प्रतिभा से दूसरों को लाभांवित करें व विनम्र बनें। यह तो प्रकृति का नियम है कि फल से लदा पेड़ हमेशा झुका रहता है।

आपसी संपर्क बढ़ाएं। अपने संपर्क में आने वाले लोगों से प्यार से बातें करें। जो लोग हमारी प्रतिभा से प्रभावित होकर हमारे मित्र बनना चाहते हैं, उन्हें प्रचुर आदर दें, घमंड न करें। एक सच्चा प्रशंसक पाना जीवन की उपलब्धि होती है, किंतु इसका यह अर्थ कदापि नहीं है कि हम खुशामदी चमचों से घिरे रहें।

➤ स्पष्टवादी बनें

किसी व्यक्ति का कार्य लेने से पहले अपनी क्षमता व सुविधा अवश्य देख लें। झूठे आश्वासन आदि छोड़ें व स्पष्टवादी बनें। हो सकता है कि इससे उस समय उस व्यक्ति को अच्छा न लगे, परंतु यह बात आगे उसे व हमें अवांछित परेशानी से बचाएगी। इससे जहां हमारी लोकप्रियता बढ़ेगी, वहीं हम असुविधा से भी बचेंगे।

एक अच्छे व्यक्तित्त्व के धारक को निम्न बातों का ध्यान रखना चाहिएः

1. अपने कार्यों में विशिष्टता, शिष्टाचार व श्रेष्ठता सम्मिलित करें।

2. धोखेबाजी व नकल इत्यादि को त्यागकर अपनी मनोवृत्ति सुधारें, क्योंकि यही हमारी सफलता का आधार है।

3. अपनी प्रतिभा को निखारने का प्रयास करें। अपने अतीत पर गौर करें एवं अपनी उपलब्धियों को याद करके अपने व्यक्तित्त्व के सकारात्मक पक्षों को निखारें।

4. किसी भी बुरी आदत जैसे झूठ बोलना, गाली–गलौच, बीड़ी–सिगरेट पीना, तंबाकू का सेवन, व्यभिचार आदि में न पड़ें। इससे न केवल हमारे व्यक्तित्त्व पर अंगुली उठती है, वरन् स्वास्थ्य पर भी विपरीत प्रभाव पड़ता है। हम चाहें तो बड़ी से बड़ी व बुरी से बुरी आदत भी छोड़ सकते हैं। बस हमको चाहिए दृढ़ संकल्प व स्वयं पर विश्वास।

5. अपनी खुशियों को सभी के साथ बांटें, क्योंकि खुशियां बांटने से बढ़ती हैं। छोटी–छोटी खुशियों को बांटने से वह बड़ी खुशी में बदल जाती है। अपने दुःखों की चर्चा भी अपने प्रिय जनों व हितैषी मित्रों से करें। इसका यह अर्थ कदापि नहीं कि हम प्रत्येक के सामने अपना रोना लेकर बैठ जाएं। इससे हम जग हंसाई के पात्र बनेंगे।

6. अपने व्यवहार में दृढ़ता लाएं, सोचे हुए कार्यों को जरूर पूरा करें। इस क्रम में प्राथमिकताओं का भी ध्यान रखें। कार्य–योजना व समय के अनुसार ही प्राथमिकता चुनें।

7. छोटे से छोटे कार्यों को भी पूर्ण गंभीरता से करें, क्योंकि वास्तव में व्यक्तित्त्व का निर्धारण इन्हीं से

होता है। बड़े काम के मौके जीवन में कई होते हैं, लेकिन ये छोटे–छोटे काम सैकड़ों होते हैं, जो हमारा मूल्यांकन करते हैं।

8. अपनी आर्थिक सीमाओं का हमेशा ख्याल रखें। बड़ी–बड़ी कल्पनाएं करना अच्छी बात है, लेकिन इस संबंध में यह ध्यान रखें कि स्वप्न उसी मनुष्य के पूर्ण होते हैं, जो वास्तविकता के धरातल पर रहकर उन्हें देखता है। अपनी आय में से बचत की भी आदत डालें। कम से कम दस प्रतिशत हिस्सा भविष्य की योजनाओं के लिए बचाकर रखें।

9. अपने विचारों को लिखने की आदत डालें। इससे नए विचारों के लिए मार्ग प्रशस्त होगा। अगर हमारे विचार समाज के लिए उपयोगी हैं, तो उन्हें प्रकाशित अवश्य कराएं।

10. जागरूक बनें। एक बड़े अवसर की प्रतीक्षा में सफलता के छोटे–छोटे अवसर जाने न दें। प्रत्येक अवसर को पहचानना सीखें। उसका लाभ उठाना सीखें। किसी कार्य को करने का अवसर निकल जाने के पश्चात् पछताना मूर्खता है। देरी से कार्य करने से लाभ के स्थान पर हानि भी हो सकती है।

11. बोलने की अपेक्षा करने में विश्वास रखें। क्योंकि सद्पुरुष स्वयं अपनी प्रशंसा नहीं करते, उनके कर्म स्वयं उनकी गाथा कहते हैं। हीरे का मूल्य सभी जानते हैं, वह कभी अपने मूल्य के बारे में नहीं कहता।

12. हमारे किसी परिचित व्यक्ति ने अगर किसी को हमारे पास भेजा है, तो उसे प्रचुर मान–सम्मान दें। इससे न केवल उस व्यक्ति की इज्जत बढ़ेगी वरन् हमारा भी मान बढ़ेगा।

13. दूसरों के बारे में दिलचस्पी लें। उनसे खुश होकर उत्साहपूर्वक बात करें। उनके कुशल–क्षेम के बारे में पूछें। इस प्रकार का व्यवहार हमें विशिष्ट व सर्वप्रिय बनाएगा।

14. तुरंत परिणाम, जल्दबाजी से बचें। धैर्य से काम लें, बीज बोने के वर्षों बाद फल की प्राप्ति होती है, अतः संयम बरतें।

15. बिना मांगे सलाह देने से व्यक्ति का महत्त्व कम होता है। ज्यादा बोलते समय हम कुछ अनर्गल भी बोल जाते हैं, अतः बोलें कम, सुनें ज्यादा। ज्यादा बोलना किसी भी स्तर पर अच्छे व्यक्तित्त्व की निशानी नहीं। अपनी राय दूसरों पर थोपें नहीं। सहजता, सरलता का बातचीत में प्रयोग करें। संक्षेप में बात करें, इससे हमारी छवि अच्छी बनेगी।

16. हमारे व्यक्तित्त्व का एक बड़ा अंग हमारा पहनावा होता है। ऐसा कहा जाता है कि हमारा दर्जी ही हमारा व्यक्तित्त्व है। अतः वस्त्र, रंगों का चयन व केश विन्यास पर विशेष ध्यान दें। बाल ज्यादा बड़े न हों। वस्त्र साफ–सुथरे व नाखून कटे हुए हों। महिलाएं पारदर्शी, नग्नता को बढ़ावा देने वाले व भड़कीले वस्त्रों का परहेज करें। इससे हम आलोचना के केंद्र बनते हैं। सादगी एक ऐसा फैशन है, जो कभी नहीं बदलता।

वस्त्रों को सलीके से पहनें। वस्त्रों पर प्रेस हो, वे फटे हुए न हों। बटन, चेन, टाई इत्यादि एक सीध में हों। रंग संयोजन व सज्जा का भी ख्याल रखें। प्रिंटेड या सीधी धारियों वाली कमीज पर डिजाइनदार टाई, कुर्ते पाजामे के साथ लांग शूज पहनना बेतुका लगता है। एक अच्छी वेश–भूषा व साफ–सुथरा चेहरा स्वतः ही आत्मविश्वास पैदा करता है।

17. अपनी व्यक्तिगत सफाई का अवश्य ध्यान रखें। कपड़े, दांत, नाखून, मुंह, बाल, जूते–मोजे, टाई, रूमाल आदि का ख्याल रखें व इस संबंध में कोई समझौता न करें। हमने कितने ही अच्छे वस्त्र क्यों न पहन रखें हो, अगर हमारे मुंह से या मोजे से बदबू आ रही हो, तो सभी हमसे कतराएंगे। अतः इस विषय पर सदैव सावधानी बरतें।

18. सहनशील बनें। अवांछित व्यवहार को भी सहना सीखें, यह हमको चिड़चिड़ा होने से बचाएगा। इससे हमें आशावादी व्यवहारकुशल बनने में मदद मिलती है। सहनशीलता एक ऐसा गुण है, जिसके कारण हमारे व्यक्तित्त्व के दूसरे गुण भी चमक उठते हैं।

लोक–भाषण

लोक–भाषण अच्छे व्यक्तित्त्व के लिए एक आवश्यक तत्व है। लोक–भाषण से हम स्वयं व अपने विचारों को दूसरों को सुंदरतम् तरीके से प्रेषित कर सकते हैं तथा इस कला में पारंगत होने से जहां हम आकर्षक बनते हैं, वहीं हमारी कार्यक्षमता में भी वृद्धि होती है तथा जीवन के हर क्षेत्र में यह कला हमें सफलता दिलाती है।

हमारे जीवन में अध्ययनकाल, व्यवसाय, नौकरी या सामाजिक गतिविधियां आदि अवश्य आते हैं। और इन क्षेत्रों में स्वयं की उपस्थिति दर्शाने हेतु एवं नेतृत्व प्रदान करने हेतु हमें लोक भाषण की आवश्यकता होती है।

कई बार हम लोगों के मन में यह प्रश्न उठता है कि क्या हम लोक–भाषण कला को सीख सकते? क्या इसके लिए जन्मजात गुणों की आवश्यकता नहीं है? तो इसका जवाब है कि हम जब चाहें, जिस उम्र में चाहें यह कला सीख सकते हैं। जब लोक–भाषण कला का विश्लेषण किया जाता है, तो

दिए गए भाषण का 90█ भाग ज्ञान विषय पर उपलब्ध जानकारी का होता है। (जिसे हम तैयारी द्वारा सीख सकते हैं) तथा 10█ भाग व्यक्तित्त्व का होता है (जिसे हम आसानी से नहीं बदल सकते, परंतु बदल सकते हैं)। अगर हम 90█ भाग पर ध्यान केंद्रित कर 10█ को छोड़ भी दें, तो भी हम एक उच्चकोटि के लोकभाषक बन सकते हैं। ठीक उसी तरह जिस तरह हमने बचपन में साइकिल चलाना व तैरना सीखा था। बस जरूरत है, तो इस कला की जानकारी प्राप्त करने की।

यहां पर हमें लोक–भाषण कला में जिन पहलुओं को ध्यान में रखना है, उनका संक्षिप्त वर्णन किया जा रहा है। इन बिंदुओं को ध्यान में रखते हुए हम अभ्यास द्वारा सफल लोकभाषक बन सकते हैं।

➤ प्राथमिक योजना

लोक–भाषण से पूर्व एक योजना बनानी चाहिए, जिसमें हमें जिस विषय पर बोलना है, को तीन भागों में बांटना है। एक प्रारूप तैयार करना चाहिए। ये तीन भाग प्रस्तावना या भूमिका, मूल भाग एवं सार है। इन तीनों को ध्यान में रखते हुए जितने विचार मन में आते हैं उन्हें बिंदु बनाकर लिख लेना चाहिए तथा उन बिंदुओं को उपयोगिता के आधार पर क्रम से जमा लेना चाहिए। वार्त्ता या भाषण का मूल भाग भूतकाल से वर्तमान में होता हुआ भविष्य या कल पर खत्म होना चाहिए।

➤ सत्यता

हम जो बोलने जा रहे हैं, उसकी विषयवस्तु और आंकड़ों की जांच भी कर लेनी चाहिए, जिससे हमें हास्य का पात्र नहीं बनना पड़े तथा विरोधाभास वाली सामग्री को कम से कम शामिल किया जाना चाहिए।

➤ अंतिम व विस्तृत योजना

अच्छा प्रारूप व सत्यापित जानकारी जुटाने के बाद एक विस्तृत योजना बनानी होगी, जिसमें हमें कई चरणों से गुजरना होगा और निम्न कार्य करने होंगे।

- विषयवस्तु व सामग्री को याद रखने के बजाय कागज, पेन पर ज्यादा विश्वास करें।
- श्रोताओं के अनुरूप अगर हमें बोलते समय कोई सामग्री अथवा विषयवस्तु बदलनी पड़े, तो वो क्या हो सकती है? को पूर्व में ही लिखना।
- संचार माध्यम ऑडियो व वीडियो उपकरणों की जानकारी हासिल करना व यह जानना कि उनकी सहायता से लोक भाषण कला को प्रभावी कैसे बनाया जाए?

माईक, ओवर हेड प्रोजेक्टर, वीडियो प्रोजेक्टर, टी.वी. कंप्यूटर मीडिया आदि से सभा व भाषण को प्रभावी बनाया जा सकता है।

➤ नोट कार्ड

छोटे–छोटे नोट कार्ड तैयार करना, जिसमें विषयवस्तु बिंदुओं के रूप में लिखी हुई हो। जिसको देखते ही हमें विषयवस्तु ध्यान में आ जाए। हम अलग–अलग प्रकार व रंग के कार्ड का उपयोग इसे और सुविधाजनक बनाने में ले सकते हैं।

➤ अभ्यास

लोक–भाषण से पूर्व मंच पर आने व जाने की एवं किस तरह भाषण प्रस्तुत करना है, इसका अभ्यास किया जाना चाहिए। सारे भाषण का कम से कम दो बार पूर्ण रूप से पूर्वाभ्यास किया जाना चाहिए।

➤ वस्त्र विन्यास

यह निश्चित करना कि अवसर के अनुरूप किस तरह के कपड़े पहने जाएं। वस्त्र विन्यास अगर सही होता है, तो हमारा आत्मविश्वास बढ़ जाता है।

➤ प्रश्नकाल

कई बार भाषण व वार्त्ताओं के दौरान अथवा बाद में श्रोता कई तरह के सवाल करते हैं। इसलिए संभावित प्रश्नों को जानना तथा उनके उत्तर को ध्यान में रखना।

सफल लोकभाषक बनने के लिए निम्न बिंदुओं का भी मनन करें:

1. स्वयं को उत्साही अनुभव कीजिए और मन में बार–बार यह दोहराइए कि यह काम तो बाएं हाथ का खेल है और सभी सुनने वाले हमारे घोर प्रशंसक हैं। निराशा को त्याग दीजिए।

2. सामान्य ज्ञान को विकसित कीजिए, जिससे किसी भी विषय पर बोलने में आसानी हो। इसके लिए सामान्य अध्ययन की आदत विकसित करें। अपने शब्द ज्ञान को विकसित करें। नये–नये सार्थक शब्दों को याद रखें।

3. पहले बताए गए तरीकों से अपनी वाणी को साधने की कोशिश करें। हमारी भाषा के साथ–साथ वाणी भी प्रभावी होनी चाहिए।

4. लोक भाषण में काम आने वाली भाव–भंगिमाओं को सीखें व अपनी आदत में शामिल करें। जैसे बात करते–करते अपने चेहरे पर भावों को लाना, हाथों द्वारा संदेश देना, सभी श्रोताओं को देखना आदि।

5. सही संबोधन प्रयोग में लीजिए तथा हर जगह एक–सा संबोधन काम में नहीं लेना चाहिए। वरन्

अलग—अलग अवसरों के लिए अलग—अलग संबोधन याद करने चाहिए तथा संबोधन से पूर्व जिनका संबोधन किया जा रहा है, उनका तथा अवसर की पूर्ण जानकारी प्राप्त करें।

6. जिस विषय पर हमको बोलना है, उस पर उपलब्ध साहित्य को पढ़ें। ज्यादा से ज्यादा जानकारी हासिल करें। याद रखें कि हम जितनी जानकारी प्राप्त करते और उसे याद करते हैं, उसका 50 प्रतिशत ही हमें भाषण तक याद रह पाता है। इसलिए जितना समय बोलना हो, उससे दुगुने समय की सामग्री को याद करें तथा विषय को समग्र बनाकर उसको अच्छा सा विषय दे दें, जिससे हमारी वार्त्ता व भाषण को लोग काफी दिनों तक याद रख सकें।

7. जहां भी हमें बोलना है, वहां की पूर्ण जानकारी प्राप्त करें, जैसे हमें किसी कमरे में बोलना है या खुले आसमां में, हमें बोर्ड रूम में बोलना है अथवा सभागार में। आयोजन स्थल के बारे में समुचित जानकारी भी हमें प्रभावी भाषण के लिए तैयार करती है।

सफल लोक भाषक बनने हेतु टिप्स

1. अच्छी भाषण सामग्री का संग्रहण व चयन करें।
2. आयोजन के अनुरूप स्वयं का परिचय तैयार करना चाहिए।
3. कई बार अभ्यास करें।
4. अयोजक, स्थल व श्रोताओं की पूर्ण जानकारी प्राप्त करना।
5. आंकड़ों का प्रयोग करना व अपना मत या निष्कर्ष देना।

6. विवादास्पद बातों से दूर रहना।

7. भविष्यवाणी व आश्वासनों का कम से कम प्रयोग करना।

8. भाषण से पूर्व, दौरान अथवा पश्चात् अपना आत्म विश्वास बनाए रखना।

9. लोक–भाषण से पूर्व इन बातों का ध्यान रखें:

■ अनुपयोगी दृश्य व श्रवण यंत्रों को प्रयोग में न लेना।

■ इन यंत्रों की जांच करना।

■ श्रोताओं की रुचि को ध्यान में रखना।

■ भाषण से पूर्व आयोजन स्थल का अवलोकन करना।

■ पूर्व में बताई गई बातों को ध्यान में रखना।

10. लोक–भाषण के दौरान इन बातों का ध्यान रखें:

■ 'विनोद' या हास्य से बात शुरू करें (जरूरत हो तो)।

■ ज्यादा लंबा न बोलें तथा समय सीमा का ध्यान रखें।

■ मिथ्या भाषण न करें, जिस विषय के संबंध में जानकारी न हो, उस पर टिप्पणी न करें

■ अपने पूर्व के वक्ता से सामंजस्य बिठाएं।

देह भाषा

आकर्षक व्यक्तित्त्व के लिए जितनी आवश्यकता भाषा, शिष्टाचार की है, उतनी ही आवश्यकता देह भाषा (बॉडी लैंग्वेज) की भी है। हम कई बातें व संदेश, जाने–अनजाने अपनी देह भाषा के जरिए दूसरों तक पहुंचा देते हैं। अगर हमें इस भाषा का पूर्ण ज्ञान हो जाता है, तो हम जहां दूसरों की आंतरिक

इच्छाओं व सांकेतिक लक्षणों को पढ़ना सीख जाएंगे, वहीं बिना बोले अपने मन की बात दूसरों तक पहुंचा सकते हैं। हमारी वेशभूषा, खड़े, बैठने एवं चलने की पद्धति, आंखों का संपर्क, वाणी का प्रभाव आदि कई महत्त्वपूर्ण पहलू मिलकर हमें आकर्षक व्यक्तित्त्व का स्वामी बनाते हैं।

हम जो भी बात कहते हैं, उसमें शब्द काम लेते हैं। उन शब्दों का प्रभाव 10 प्रतिशत होता है और 40 प्रतिशत प्रभाव हमारे गले की ध्वनि, (बोलने का तरीका, शब्दों पर जोर, तेज और धीरे बोलने का प्रभाव, आवाज में उतार–चढ़ाव) तारतम्य और उसकी देह भाषा से उत्पन्न होता है अर्थात् अंग संचालन से (आंखें, चेहरा, बाल, खड़े होने का तरीका, हमारे शरीर की खुशबू, कपड़े और अंग–संचालन, कितना स्थान हमने घेर रखा है) होता है। क्या हम इनमें से 90 प्रतिशत भाग को प्राप्त कर सकते हैं?

आंखो की भाषा

आकर्षक व्यक्तित्त्व के लिए हमे आंखों की भाषा आनी चाहिए, क्योंकि आखों की अच्छी भाषा के द्वारा हम अपने विचारों को दूसरे के मस्तिष्क में ज्यादा अच्छी तरह से पहुंचा सकते हैं। आंखों की भाषा से हम दूसरे के विचारों को प्रभावित कर अपने विचारों को संचारित कर सकते हैं। इस मनोवैज्ञानिक आदान–प्रदान को टेलीपैथी (इलेक्ट्रोनिक लैंग्वेज) का नाम दिया गया है और टेलीपैथी में वास्तविक व शाब्दिक संचार के बजाय भावनात्मक संचार पर जोर दिया जाता है। आंखों की भाषा हमारे शरीर व आंखों दोनों पर प्रभाव डालती है। आंखों की भाषा को सीखने का सबसे अच्छा साधन है आईना। आईने में हम अपनी प्रतिछाया को दूसरा व्यक्ति मानकर अपनी भाषा व्यक्त करते हैं, तो हमें हमारी सोच का परिणाम हाथों हाथ मालूम पड़ जाता है। आंखों की भाषा के लिए हम निम्न अभ्यास कर सकते हैं:

1. एक आईने के सामने खड़े होकर अपनी आंखों से आंखें मिलाकर गहरा देखते हुए यह कहें 'मैं अच्छा आदमी हूं' और यह कहते वक्त मन में यह भाव रखें कि यह बात आप किसी और से कह रहे हैं।

2. 'मैं अच्छा व्यक्ति हूं' को गहरा सोचते हुए, 'मैं अच्छा व्यक्ति हूं' के भावों को व्यक्त करने की कोशिश कीजिए।

3. उस वक्त आप यह सोचिए कि आप बोल नहीं सकते। आपकी भावना को केवल आंखें द्वारा ही व्यक्त करना है। और यह दोहराइए कि 'मैं अच्छा आदमी हूं' और पूरे मन से भाव पूर्ण होकर व्यक्त करें कि 'मैं अच्छा व्यक्ति हूं।

4. और इस चरण का लगातार अभ्यास करें और यह महसूस करें कि जैसे कि यह वाक्य दूसरे व्यक्ति में संचारित हो चुका है।

5. विभिन्न मौकों पर काम में आने वाले (मैं अच्छा आदमी हूं) जैसे अन्य दस वाक्य और तैयार करें। उदाहरण के लिए 'क्या मैं आपकी मदद कर सकता हूं'।

6. फिर इन तैयार किए गए वाक्यों को अपनी आंखों की भाषा के द्वारा अपने मित्रों व आस—पास के लोगों को व्यक्त करने की कोशिश करें। उपरोक्त प्रक्रिया से हम आंखों का प्रयोग विचार संप्रेषण में करना सीख जाते हैं।

और जब हम आंखों की भाषा को व्यक्त करना सीख जाते हैं, तो हमें अपने अंदर आकर्षण की शक्ति महसूस होने लगती है और हम दूसरों को आकर्षित करने लग जाते हैं। और इसी क्रम में हम आंखों की भाषा सीखने के साथ—साथ आंखों के अन्य भाव जैसे, आंखों से मुस्कराना, आंखों से प्रभाव डालना आदि सीख जाते हैं।

आखों द्वारा संपर्क

आकर्षक व्यक्तित्त्व में आंखों द्वारा संपर्क का विशेष महत्त्व होता है। आंखें हमारी मस्तिष्क की खिड़कियां होती हैं। इन खिड़कियों में से दूसरों के दिमाग को हम व दूसरे हमारे दिमाग को देख सकते हैं। आकर्षक व्यक्तित्त्व के लिए हमें आंखों से संपर्क करना आना चाहिए। आकर्षक व्यक्तित्त्व के लोग दूसरों से आंखें मिलाकर बात करते हैं। वे नजरें नहीं चुराते। वें आंखों के द्वारा अपने व्यक्तित्त्व से दूसरो के मस्तिष्क को संचालित करते हैं। सीधे और गहरे आंखों के संपर्क के बिना आकर्षक व्यक्तित्त्व को जगाना मुश्किल होता है। लेकिन इसका आशय यह कतई नहीं है कि हम लोगों को घूरें एक टक देखें या आंख फाड़–फाड़कर देखें। जब आईने में हम स्वयं को देखते हैं, तो हम पूरे शरीर को देखते हैं, अगर हम आईने में भी स्वयं को घूरने लगते हैं, तो स्वयं को असहज महसूस करने लगते हैं, इसलिए हमें चाहिए कि सीधे संपर्क व घूरने के अंतर को समझें और सीधे संपर्क के लिए व्यायाम करें। हम स्वयं को आईने में देखें और देखने की क्रिया में गहरा देखने का अनुभव करें। आंखों के संपर्कों को अच्छी तरह समझने के लिए टी. वी. कार्यक्रमों के उद्घोषकों व समाचार वाचकों को लीजिए। वे हमसे इतनी दूर होने के बावजूद भी हमें महसूस कराते हैं कि जैसे वे सीधे हमसे बात कर रहे हैं। आकर्षक व्यक्तित्त्व के लिए आंखों के द्वारा अच्छा व गहरा संपर्क जरूरी है।

आंखों द्वारा मुस्कराना

जब हम मुंह के द्वारा मुस्कराते हैं, तो वह हमारी मुस्कराहट का अंतिम भाग होता है और उस मुस्कराहट के बाद शुरू होती है आंखों की मुस्कराहट। जब हम होंठों के द्वारा मुस्कराते हैं, तो उसका प्रभाव सीमित होता है और इसी मुस्कराहट को जब हम महसूस कर आंखों से व्यक्त करते

हैं, तो उसका प्रभाव आकर्षक होता है। आकर्षक व्यक्तित्त्व की यह सर्वमान्य रीति है कि हम आंखों के द्वारा मुस्कराएं। खुशमिजाजी से प्रसिद्धि व आकर्षक व्यक्तित्त्व प्राप्त होता है। बड़े–बड़े ड्रामा स्कूल, सलाहकार, व्यक्तित्त्व विकास के सलाहकार भी आंखों की मुस्कराहट पर सबसे ज्यादा जोर देते हैं। मनोविज्ञान भी इस बात पर ज्यादा जोर देता है कि हम जिन भावों को अंदर से बाहर की ओर लाते हैं, वे भाव दूसरों को ज्यादा प्रभावित करते हैं। आंखों की मुस्कराहट में असर लाने के लिए हमें सदा मुस्कराते रहना होगा। जब हम सदैव मुस्कराते रहेगें, तो मुस्कराहट हमारे अंतः मन में होती हुई हमारी आखों में आ जाएगी।

वाणी का प्रभाव

इस अध्याय में हम भाषा या वाणी की गहन क्रियाओं को जैसे आवाज, स्वर, उच्चारण, भाषा, ढंग, ठहराव का अध्ययन नहीं करेंगे, क्योंकि इनका अध्ययन करने के लिए अलग से पुस्तक चाहिए। इस अध्याय का आशय है कि हम आकर्षक व्यक्तित्त्व के लिए आकर्षक आवाज या बोली को कैसे प्राप्त करें? हमारी आवाज पतली या मोटी हो, इससे कोई फर्क नहीं पड़ता, क्योंकि आकर्षक व्यक्तित्त्व के लिए आवाज को समझने पर कम जोर दिया जाता है। लेकिन जब भी हम अपनी वाणी को प्रभावी बनाना चाहते हैं, तो उसे हमें अपने अवचेतन मन से निकालना होता है। अपनी आवाज को अपने गले की मांसपेशियों द्वारा नियंत्रित करने की बजाय मनोवैज्ञानिक वाणी के प्रभाव के लिए निम्न उदाहरणों पर जोर देते हैं:

शब्दों को सोचकर व महसूसकर जब बोला जाता है और उनमें मानसिक प्रभाव डाला जाता है, तो उन शब्दों में एक उभार व गुनगुनाहट आती है। कार्यशाला नं 7 के अनुसार अभ्यास कर हम अपनी वाणी को प्रभावी बना सकते हैं।

कार्यशाला – I

जानिए स्वयं को

1. मेरा नाम :

2. मेरे नाम का अर्थ :

3. मेरी शैक्षणिक योग्यता :

4. मेरा व्यवसाय / वर्तमान स्थिति :

5. मेरी उम्र :

6. मेरी रुचियां :

7. मेरी पसंदीदा किताब, अभिनेता, अभिनेत्री, गाना व नेता :

8. मेरी शक्तियां :

9. मेरी कमजोरियां :

10. मुझे अच्छा लगता है :

11. मुझे अच्छा नहीं लगता :

12. मेरे जीवन की सबसे सुखद घटना :

13. मेरे जीवन की सबसे दुखद घटना :

14. मेरे अच्छे मित्रों के नाम हैं :

15. मुझे ये लोग अच्छे नहीं लगते :

16. मेरे जीवन के लक्ष्य :

17. मेरे जीवन के लक्ष्यों का नेतृत्व करने वाले लक्ष्य–आदेश हैं :

18. मेरे जीवन की उपलब्धियां :

19. मेरे आदर्श :

20. उपरोक्त आदर्श का कारण :

कार्यशाला – II

स्वयं में छिपे गुणों को खोजिए

बहुत से लोग अपने गुणों व शक्ति को अपने जीवन पर्यंत नहीं पहचान पाते हैं। हममें कार्य करने की क्षमता है, जिसे हम पहचान नहीं पाते, इसलिए उस शक्ति का उपयोग संसार के लिए नहीं कर पाते। क्या हम अपनी ईश्वर प्रदत्त शक्ति को उजागर कर सकते हैं?

हां, हम कर सकते हैं और हमें करना है

1. हम नई चीजों को प्रयोग में लेंगे, नए–नए काम हाथ में लेंगे। अपने जीवन को नई दिशा देंगे, अपने लगाव पर नए–नए प्रयोग करेंगे। हम उस स्थान को खोजेंगे, जहां हमें पहुंचना है।

2. एक कागज पर हम सबसे ऊपर यह लिखेंगे कि 'मैं काम करने में प्रसन्नता प्राप्त करता हूं।' इस कागज को एक हफ्ते अपने साथ रखेंगे और उस कागज में प्रतिदिन जो अच्छा अनुभव करें, उसे लिखेंगे। एक सप्ताह बाद हमने जो विचार लिखे हैं, उन्हें पढ़कर मनन करेंगे और स्वयं से पूछेंगे, 'हम जो कुछ कर रहें हैं उनसे उन विचारों का कितना नजदीकी रिश्ता है।' उस सूची का कोई भी काम जो कि हमारे काम और जीवन से संबंधित नहीं है, हमारी छिपी हुई प्रतिभा से संबंधित हो सकता है।

3. दूसरे कागज के शीर्ष पर उन कार्यों को लिखेंगे, जिन कार्यों को हमने वर्षों अच्छी तरह से किया था, परंतु अब करना बंद कर दिया है। (जिन कार्यों को हमने अच्छी तरह से किया था, उसकी लिस्ट बनाइए) प्रत्येक विचार हमारी भूली–बिसरी प्रतिभा के परिचायक हैं।

4. तीसरे कागज के शीर्ष पर उन कार्यों को लिखेंगे, जिन कार्यों को हमने पहले संपादित किया है और लोगों ने उनकी सराहना की और उनको करने के बाद हमें खुशी मिली। यह हमको दर्शाती है कि हम बड़े–बड़े काम कर सकते हैं और नित नये कार्यों को भी संपादित कर सकते हैं।

5. जो लोग हमारे बहुत ही निकट हैं, हम उनसे प्रश्न पूछ सकते हैं कि 'क्या मैं अपने गुणों का समुचित उपयोग कर रहा हूं?' क्या हमको विश्वास है कि किसी कार्य को करने की हममें शक्ति तो है, पर हम कर नहीं पा रहे हैं, क्या हम अवचेतन मन की आवाज को सुन नहीं रहे हैं या उसकी अवहेलना तो नहीं कर रहे हैं?

6. हम अपने कार्य के अलावा और क्या करते हैं? जिस समूह से हम जुड़े हुए हैं। उसमें हमारा कौन सा गुण प्रधान है? कौन से कार्य को हम बिना किसी की प्रेरणा के करते हैं और कौन सी स्वरुचियों से सुख प्राप्त करते हैं?

इन उपरोक्त प्रतिभाओं (जिनकी सूची हमने कागज पर बनाई है) में से कुछ का उपयोग अपने जीवन में या अपने कार्य में कर सकते हैं।

कार्यशाला – III

सफलता

सफलता प्राप्त कीजिए

हर व्यक्ति सफल होना चाहता है यद्यपि सफलता की परिभाषा पर कोई भी सहमत नहीं हो सकता है। हमारी परिभाषा क्या हो, यह हम पर निर्भर करता है। हम अनुभवसिद्ध सिद्धांतों पर विश्वास कर सकते हैं। हमने अपने जीवन में जो चाहा था, क्या वह प्राप्त किया है या कर सकते हैं?

हां हम प्राप्त कर सकते हैं

1. सफलता की तरफ पहला कदम यह है कि हम अब तक जो प्राप्त नहीं कर सके हैं, उस भाव से उत्पन्न पूर्वाग्रह से मुक्त हो जाएं और जो उद्देश्य प्राप्त नहीं कर पाए हैं, उसे पाने के लिए अधीर हो जाइए।
2. निर्धारित कीजिए कि वास्तव में हम क्या चाहते हैं? जीवन में हम कहां स्थापित होना चाहते हैं? सफलता को हम कैसे देखते हैं?
3. सफलता के लिए अपनी रणनीति बनाइए। हम क्या करेंगे, कब करेंगे, किसके साथ करेंगे और कौन से नए साधन प्रयोग में लेंगे?
4. काम में जुट जाइए और तुरंत करिए, जी जान से लग जाइए। अपने कार्य में पूर्ण पौरुष और शक्ति के साथ लग जाइए।
5. जब हम अपनी रणनीति के अनुसार कार्य करने लग जाते हैं, और सफल हुए तो जिन लोगों ने हमको सहयोग दिया, उनके कार्य में सहयोग दीजिए।

6. प्रति दिवस पांच मिनट इस बात में लगाइए कि दूसरों से संवाद स्थापित करने में कितनी और तरक्की कर सकते हैं।

7. अपने पर विश्वास रखिए और उस पर दृढ़ रहिए। अब्राहम लिंकन, अमेरिका के प्रेसीडेंट बनने से पहले आठ बार चुनाव हारे थे।

8. व्यापार में वातारण की प्रत्येक सूचना पर विश्वास कीजिए, जिससे हम अपने अनुसार कार्य कर सकें।

9. जिन लोगों ने पूर्व में सफलता प्राप्त की है, उनकी आदतों व विचारों पर गौर कीजिए।

10. असफलता से घबराइए नहीं और 'सफल होऊंगा या नहीं' यह मत सोचिए। जो सहयोगी हैं, उनकी आशाओं से अधिक सहयोग और ध्यान दीजिए। एक टीम के साथी के रूप में उन्हें समझिए।

कार्यशाला – IV

संघर्ष

विरोधों को जीतें

हर व्यक्ति के जीवन में बुरे दिन आते हैं। सफल व्यक्ति जानते हैं कि 'सफल कैसे हों'? क्या हम स्वयं में वे गुण जागृत कर सकते हैं, जिनसे विरोधों पर जीत पाई जा सके?

हां, हम प्राप्त कर सकते हैं

1. अपने आत्म विश्वास को दृढ़ कीजिए। अपनी उस आत्मिक शक्ति को अपूर्ण न मानिए, जिसके कि हम स्वामी हैं। इस मौके का लाभ लीजिए जो यह सिद्ध करे कि हमने अपने जीवन को नियंत्रित कर लिया है।

2. प्रार्थना कीजिए, ईश्वर में दृढ़ विश्वास बढ़ाइए, जो कि हमसे भी बड़ा है। ईश्वर पर विश्वास रखना ही परीक्षा के समय एक बहुत बड़ा संबल है। कुछ व्यक्ति धर्म में विश्वास नहीं करते, किंतु वे मानते हैं कि उनसे बड़ी शक्ति है।

3. स्वयं को उन क्षणों से दूर कीजिए, जब हम यह महसूस करें कि हमने गलती की। अपने क्रोध, दुख व हतोत्साह को शीघ्र खत्म कीजिए, जिससे हम अपने जीवन को आगे बढ़ा सकें।

4. विरोध एवं कठिनाइयों पर जीत हासिल करने के लिए ठोस योजना निर्धारित कीजिए, जिससे जो हानि हुई है, उसकी भरपाई हो सके।

5. जीवन में कठिनाइयां और विरोधाभास हमेशा मौजूद रहती हैं, उनसे छुटकारा पाने के लिए मौके की तलाश कीजिए। यथास्थिति को बदलने की भावना

हमारे जीवन की प्रगति की सूचक है। जिस प्रकार हम जो कार्य कर रहे थे, उसके खत्म हो जाने पर हम कोई अन्य संसाधन निर्धारित करते हैं, जिसके बारे में हमने कभी सोचा भी न हो, से हमारे जीवन की शैली बदल जाती है।

6. विपरीत परिस्थितियों में से निकलने में परिवार और मित्र सहायता करते हैं, तो उसे ग्रहण करिए और विपरीत परिस्थितियों के दुख से जल्दी निकलने का प्रयास करिए।

7. मेहनत कीजिए, लड़िए और अपनी स्थिति सुदृढ़ कीजिए और पलायन की सोचिए भी नहीं (मैदान छोड़कर नहीं भागें)।

8. अपने दायित्वों को पूरा कीजिए। अपने और अपने मित्रगणों के प्रति दायित्वों को पूरा कीजिए। यह न सोचें कि 'हम कठिन परिस्थितियों में पड़ जाएंगे।'

कार्यशाला – V

स्वाभिमान

अपने स्वाभिमान को बढ़ाइए

निम्न स्वाभिमान वाले व्यक्ति बहुत कम उन्नति कर पाते हैं। जो लोग आवश्यक जोखिम नहीं ले पाते, वे अपने खोल में ही बंद रहते हैं। वे अन्य किसी पर विश्वास नहीं कर पाते हैं। जब नेतृत्व करने का समय आता है, तो वे अपने को कतार में पीछे पाते हैं। क्या हम स्वयं में नेतृत्व के गुण विकसित कर सकते हैं?

हां, हम कर सकते हैं

1. हमारे अपने स्वाभिमान के निम्न होने पर हमें जो नुकसान हुआ है, उस पर गुस्सा होइए। उस नुकसान को लाभ में परिवर्तित करने के लिए अपने स्वाभिमान को बढ़ाइए और यथास्थिति कभी स्वीकार न कीजिए।

2. यदि हम आध्यात्मिक भावनाओं पर विश्वास करते हैं, तो उन पर गहराई से विश्वास करें। इस संसार में सारे धर्म उनके अनुयाइयों में स्वाभिमान को आंतरिक शक्ति प्रदान करते हैं।

3. स्वयं पर दया नहीं करिए, स्वयं को हर असफलता का उत्तरदायी मानते हुए नई शुरुआत कीजिए। पिछले अनुभवों को लिख कर रखिए व उनसे सीखिए।

कार्यशाला – VI

शारीरिक भाषा सुधारिए

कई लोग बहुत आकर्षक होते हैं। उनका अंग–संचालन व वेशभूषा दूसरों को आकर्षित करता है। उनकी शारीरिक भाषा उनमें भरे आत्मविश्वास की द्योतक होती है। क्या हम भी अपनी शारीरिक भाषा को सुधार कर आकर्षक बन सकते हैं?

हां, हम भी सुधर सकते हैं

1. दूसरों के अनकहे संदेशों का अध्ययन कीजिए और उनका प्रभाव लिखिए।
2. अपनी शारीरिक भाषा और आवाज के प्रभाव में सुधार कीजिए। दूसरों को मीटिंग में अपने प्रभाव को देखने दो। अपनी आवाज के उतार–चढ़ाव का

   अध्ययन कीजिए कि किस तरह से लोगों पर प्रभाव पड़ता है। हम जो कुछ भी कह रहे हैं, उसका वीडियो टेप बनाइए और उसका अवलोकन करिए।
3. जब हम किसी से बात कर रहे हैं या दूसरा हमसे बात कह रहा है, तो उसकी आंखों में देखिए।
4. प्रातःकाल अच्छी तरह से तैयार होइए। बहुत से लोग हमको देखकर हमारे प्रभाव का निर्णय करेंगे।
5. खास व्यक्ति से मिलते समय अच्छी पोशाक पहनिए, उस खास व्यक्ति से जिससे हम मिल रहे हैं, उससे मिलने वाले दूसरे व्यक्तियों से हमारा व्यक्तित्त्व अलग होना चाहिए।
6. अपने शारीरिक पहनावे और शरीर को सही कीजिए। गर्दन सीधी रखिए।

7. बात करते समय किसी की तरफ अगुंली मत दिखाइए। जिस बात पर हम स्वयं शक करते हैं, उस बात को कहने से बचिए। किसी से हाथ मिलाएं तो ठीक तरह से मिलाइए, पकड़ न तो कठोर हो, न ही मुलायम।

8. जहां हम काम कर रहे हैं या रहते हैं, वहां निर्णयपूर्ण संदेश देने चाहिए न कि असमंजस भरे। क्या हमारा कार्यस्थल गंदा है? क्या हमारी कार/स्कूटर साफ है? क्या हमारे घर में कोई व्यक्ति प्रवेश कर रहा है? उस पर हमारे घर को देखकर क्या प्रभाव पड़ेगा?

9. अनकही बातों का प्रभाव (हमारा व्यक्तित्त्व एवं अंग परिचालन यह बताता है कि हम अपने अंतर्मन में क्या अनुभव करते हैं और हमारा क्या विश्वास है?)

10. सिर ऊंचा करके चलिए और अच्छी सकारात्मक सोच बनाइए। स्वच्छ व अच्छा पहनावा पहनिए। हम स्वयं को खुश व उत्साहित महसूस करेंगे।

कार्यशाला – VII

वाणी की ध्वनि को सुधारिए

रेडियो के उद्घोषक लंबी चयन प्रक्रिया से गुजरते हैं और उनका चयन बोलने के उतार–चढ़ाव पर निर्भर करता है। यद्यपि बहुत से व्यक्ति सुरीली वाणी लिए पैदा होते हैं और कुछ अपनी वाणी में धीरे–धीरे सुधार करते हैं।

हम भी अपनी वाणी में वह शक्ति अर्जित कर सकते हैं

1. अगर हम चाहते हैं कि हमारे बोलने की शक्ति में सुधार हो, तो सर्वप्रथम यह सोचिए कि हमारे बोलने का तरीका हमारे प्रभाव में एक रुकावट डाल रहा है, (हमें मालूम है एक व्यावसायिक बोलने वाला जब बोलता है, तो सुनने वालों पर पूरा प्रभाव छोड़ता है) फिर अपने प्रभाव की दूसरों से जांच करवाइए।

2. स्वयं को सुनिए, अपने ▇▇▇ को सुनिए जैसे कि हम श्रोता हैं। अब स्वयं सुनकर क्या महसूस किया, उस पर ध्यान दीजिए। क्या हम जो बोलना चाहते हैं, उसके अनुसार अपनी ध्वनि को बदल सकते हैं अथवा हम प्रभावहीन ध्वनि में बोल रहे हैं अथवा क्या हम एक ही बात को बार–बार बोलते हैं? अपने रिकार्ड किए गए भाषण को तिरस्कृत करने के लिए भी तैयार रहिए।

3. एक वाक्य को आठ बार कहिए, जिसमें ध्वनि बार–बार बदली हुई हो। प्रसन्नता, डर, संतुष्टि, क्रोध, लगाव आश्चर्य, दुखी स्वर में और अनिर्णय के स्वर में। इन सब को जो सुन रहा है, वह क्या निर्णय देता है, उसके निर्णय पर ध्यान दीजिए।

4. अपनी वाणी में उतार–चढ़ाव लाइए। ऊंची, नीची, तेज और धीमे क्रोध और मुलायम वाणी में, आश्चर्य मिश्रित आवाज, संयमित भाषा में अपने विचार व्यक्त करें, जिससे हम अपने श्रोताओं को प्रभावित करें।

5. अपने वार्त्तालाप में कुछ क्षण बीच–बीच में विराम दें। इसी तरीके से जिस समय आप लिख रहे हों, उसमें वाक्यों के गठन को सही कर सकें।

6. जिस समय बोल रहे हों, तब प्रत्येक शब्द पर जोर दीजिए।

7. जब हम बोल रहे हों, तो गले से बोलिए, नाक के सुर से नहीं। गले में कंपन पैदा कीजिए।

8. अपनी आवाज पर ध्यान दीजिए। सूखा गला आराम चाहता है, उसे तर कीजिए। गरम पानी या चाय शहद के साथ पीजिए। नीबू नहीं। किशमिश या मुनक्का चबाइए।

कार्यशाला – VIII

सोच व दृष्टि की शक्ति
(इस चित्र में कुल कितने वर्ग हैं?)

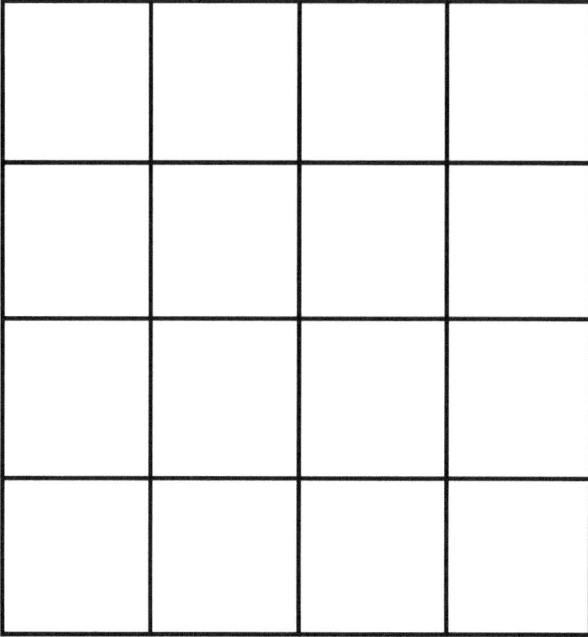

इस चित्र में उपलब्ध वर्गों को देखने पर कुछ लोग इसमें 16 वर्ग देखते हैं, तो कुछ 17। किसी–किसी को ये 21 या 26 दिखाई देते हैं। कुछ लोग ही इसमें 30 वर्गों को देख पाते हैं। इस चित्र में 30 वर्ग उपलब्ध हैं। इसका आशय है कि हम इस जीवन को जैसा व जितना देखते हैं, उतना हमें दिखाई देता है। इस जीवन से हम जितना मांगते हैं, उतना हमें यह जीवन देता है। अतः अपने जीवन के सभी 30 वर्गों को देखने की कोशिश कीजिए।

कार्यशाला – IX

आवश्यकता सिद्धांत

5
आध्यात्मिक
आवश्यकताएं
उच्चस्तरीय उपलब्धियां,
रचनात्मकता, पारलौकिक सुख

4 अहम की आवश्यकताएं
पहचान, गर्व, वर्ग, प्रशंसा,
उपलब्धि व स्वाभिमान

3 सामाजिक आवश्यकताएं
संगठन, सहयोग, दोस्ती, प्यार,

2 सुरक्षात्मक आवश्यकताएं
डर से आजादी, खतरों से सुरक्षा

1 प्राथमिक आवश्यकताएं
भोजन, आराम, आवास, काम, सुरक्षा

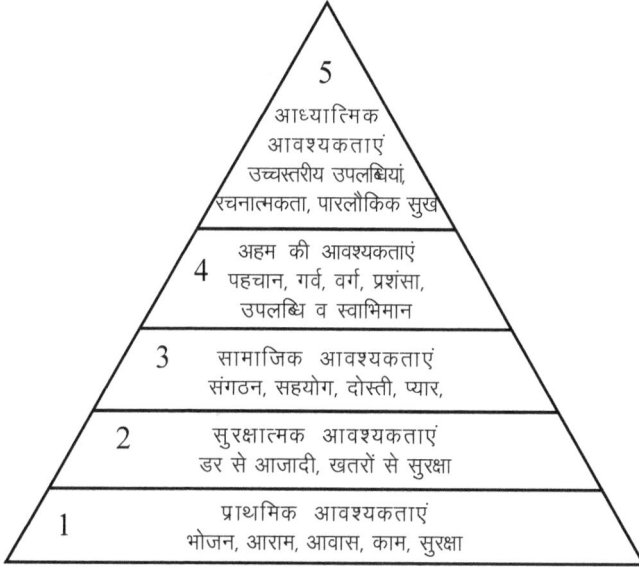

आवश्यकता का बढ़ता
क्रम व संतुलन

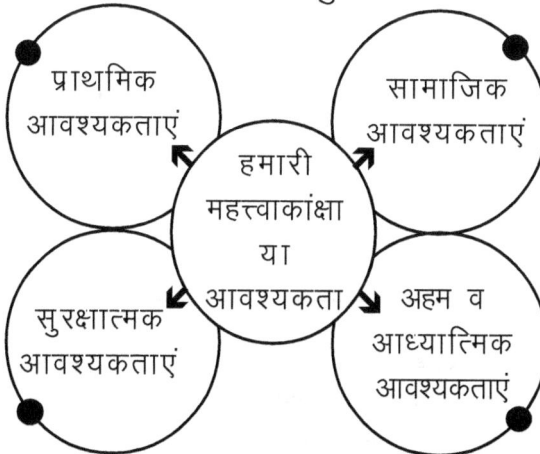

प्राथमिक
आवश्यकताएं

सामाजिक
आवश्यकताएं

हमारी
महत्त्वाकांक्षा
या
आवश्यकता

सुरक्षात्मक
आवश्यकताएं

अहम व
आध्यात्मिक
आवश्यकताएं

व्यक्तिगत लक्ष्य–पत्र – प्रथम प्रयास

➢

➢

➢

➢

➢

➢

➢

➢

➢

➢

> इस पत्र में हमें अपने जीवन में जो कुछ भी चाहिए, को शब्दों में बांधना है। इस पत्र में हम आज से लेकर पूरे जीवन में जो भी करना चाहते हैं, को अपनी कल्पना शक्ति को प्रयोग में लेकर उल्लेखित करना है।

कार्यशाला – XI

व्यक्तिगत लक्ष्य–पत्र – (पुनः लिखित प्रयास)

████████████████████

████████████

➢

➢

➢

➢

➢

➢

➢

➢

➢

पिछले पत्र में हमने जो कुछ भी लिखा था, उसे बिना देखे दुबारा लिखना है। इस क्रम में हम देखेंगे कि कुछ महत्त्वाकांक्षाएं छूट गई हैं व कुछ नई शामिल हो गई हैं। (दोनों पत्रों को लिखने में अंतराल कम से कम दस मिनट व अधिक से अधिक एक दिन हो सकता है)

कार्यशाला – XII

दीर्घकालीन कार्य योजना

भूमिका	वर्तमान स्थिति	2002	2010	2020

जो लक्ष्य पत्र हमने तैयार किया है, उसमें से प्रमुख मध्यकालीन महत्त्वाकांक्षाओं को इस सारणी की भूमिका शीर्षक में लिख लें तथा उसके बाद उस महत्त्वाकांक्षा की आज की स्थिति का वर्णन करें और लिखे गए वर्षों में इच्छित प्रगति को भी अंकित करें।

कार्यशाला – XIII

मध्यकालीन कार्य योजना

भूमिका	वर्तमान स्थिति	2001	2005	2010

जो लक्ष्य पत्र हमने तैयार किया है उसमें से प्रमुख मध्यकालीन महत्वाकांक्षाओं को इस सारणी की भूमिका शीर्षक में लिख लें तथा उसके बाद उस महत्वाकांक्षा की आज की स्थिति का वर्णन करें और लिखे गए वर्षो में इच्छित प्रगति को भी अंकित करें।

कार्यशाला – **XIV**

अल्पकालीन कार्य योजना

ROLES	इस साल के लक्ष्यों को माहवार बांट कर कार्य योजना बनाएं
MONTHS	
J A N	
F E B	
M A R	
A P R	
M A Y	
J U N	
J U L	
A U G	
S E P	
O C T	
N O V	
D E C	

कार्यशाला – XV

व्यक्तिगत विवरण
स्वामी विवेकानन्द

सफलता का क्षेत्र : आध्यात्म

बचपन : साधारण शिक्षा

रूपांतरण : रामकृष्ण परमहंस से भेंट

रहन–सहन–वेशभूषा : साधारण गेरुए वस्त्र

प्रमुख आदतें : स्वाध्याय, अध्ययन, देशभक्ति, गूढ़ रहस्यों को जानने की इच्छा

आदर्श वाक्य : उठो, जागो और लक्ष्य प्राप्ति तक मत बैठो और लक्ष्य प्राप्ति के पश्चात् नये लक्ष्य के लिए कमर कस लो

व्यक्तित्त्व के गुण : विलक्षण प्रतिभा के धनी, योग क्रिया में पारंगत, धर्म का वास्तविक अर्थ ज्ञात होना

उपनाम / शिखर का नाम : आधुनिक भारत का अवतार, भारतीय युवाओं के प्रेरणा स्रोत

लाल बहादुर शास्त्री

सफलता का क्षेत्र : राजनीति

बचपन : अत्यंत संघर्षपूर्ण, पिता की मृत्यु मात्र 2 वर्ष की आयु में हो गई, माता के साथ रहकर शिक्षा पूरी की

रूपांतरण : स्वतंत्रता संग्राम के समय जेल गए व भारत के लिए अपना सब कुछ न्योछावर कर देने की ठानी, पत्नी व बच्चों के बीमार होने पर भी रास्ता नहीं छोड़ा

रहन–सहन–वेशभूषा : अति साधारण, धोती कुर्ता पहनना तथा साधारण रहन–सहन व खानपान

प्रमुख आदतें : बच्चों के साथ खेलना, मृदुभाषी, दूसरों को समझने की इच्छा

आदर्श वाक्य : मेरा देश मुझे बुला रहा है, मुझे जाना है, इसलिए मुझे रुकने के लिए मत कहना

व्यक्तित्त्व के गुण : साहसी व ईमानदार स्व–आलोचक, अपने आलोचकों व प्रतिद्वंद्वियों को सम्मान देना

उपनाम/शिखर का नाम : 'भारत का लाल' भारत के प्रधानमंत्री, कई अंतर्राष्ट्रीय महत्त्वपूर्ण समझौते

अजीम प्रेमजी

सफलता का क्षेत्र : व्यवसाय

बचपन : उद्योगपति के घर जन्म लिया। ग्रेजुएशन के वक्त पिता का देहांत, देनदारियां चुकाने के लिए घर के जेवर बेचने पड़े

रूपांतरण : देनदारियां चुकाने के बाद पिता की कंपनी को 5 साल में पुनः स्थापित करने का प्रण लिया

रहन–सहन–वेशभूषा : आधी बांह की साधारण कमीज व पैंट, बिना डाई किए बाल। दिखने में अति साधारण, परंतु सशक्त व्यक्तित्त्व, केवल भारत में निर्मित कपड़े पहनना

प्रमुख आदतें : पानी ज्यादा पीना, जागिंग करना, सुबह जल्दी उठना, किताबें पढ़ना, ईमानदारी पर विशेष जोर

आदर्श वाक्य : मानवीय मूल्य को महत्त्व देते हुए पूरी ईमानदारी से नए ज्ञान से परिपूर्ण होकर किसी भी लक्ष्य को प्राप्त किया जा सकता है

व्यक्तित्त्व के गुण : सामाजिक जिम्मेदारी का निर्वहन, परिवार को पूरा महत्त्व व समय देना, कंपनी के कर्मचारियों को कंपनी का हिस्सा मानना, नई तकनीक को खोजने के लिए तत्पर रहना

उपनाम/शिखर का नाम : दुनिया में सबसे अमीर भारतीय जे. आर. डी. टाटा कोर्पोरेट अवार्ड, दुनिया के तीसरे अमीर आदमी

जे. आर. डी. टाटा

सफलता का क्षेत्र : व्यवसाय

बचपन : उद्योगपति के घर जन्म लिया, अधिकांश शिक्षा फ्रांस में हुई, 21 साल की उम्र में पिता का देहांत हुआ, उसके बाद टाटा ग्रुप में डायरेक्टर का पद संभाला

रूपांतरण : जे. आर. डी. टाटा ने कॉलेज शिक्षा भी नहीं ली और ऑफिस के बाद शिक्षा पूरी की

रहन–सहन–वेशभूषा : अति साधारण, महंगे कपड़े पहनना, परंतु रहन–सहन अति साधारण, कंपनी की संपत्ति को अलग मानना, सोने के लिए छोटा सा कमरा, जिसमें कुछ किताबें व दो आदमी आ सकें

प्रमुख आदतें : किताबें पढ़ना, लोगों से सीखना, नाम याद रखना, असंभव दिखने वाले कार्यों में मजा आना, चुनौती स्वीकारना

आदर्श वाक्य : ▮▮▮▮▮▮▮ 'मुझे स्वयं को टाटा घराने के लायक सिद्ध करना है' 'मैं स्वयं को कम महत्त्व देता हूं'

व्यक्तित्त्व के गुण : नेतृत्व का गुण, राष्ट्रप्रेम, समाज सेवा, ईमानदारी, लगन, लोगों को समझने की कला, टाटा ग्रुप के अधिकांश लोगों के नाम याद रहना

उपनाम/शिखर का नाम : उड़ान भरने वाले प्रथम भारतीय, प्रथम उड़ान सेवा शुरू करने वाले भारत के उद्योग के पितामह 'भारत रत्न' अवार्ड

डॉ. हेलन केलर

सफलता का क्षेत्र : निशक्त जन सेवा

बचपन : अत्यंत संघर्षपूर्ण, छोटी उम्र में बीमारी से देखने सुनने व बोलने की शक्ति चली गई

रूपांतरण : शिक्षिका के रूप में कु. सुलिवान ने हेलन केलर की मानसिक शक्ति को उभारा व विश्व में स्थापित होने के लिए प्रोत्साहित किया

■

रहन–सहन–वेशभूषा : अत्यंत साधारण, देख नहीं पाने से हेलन केलर के लिए रंग विन्यास कोई मायने नहीं रखता था

प्रमुख आदतें : सदा सकारात्मक सोच, किसी भी कार्य को असंभव नहीं जानना व कार्य शुरू करने के बाद आराम नहीं करना

आदर्श वाक्य : 'मनुष्य की इच्छाशक्ति के आगे प्रकृति को झुकना पड़ता है'

व्यक्तित्त्व के गुण : अदम्य साहस, आत्मविश्वास, दूसरों के दुख का अनुभव, बाधाओं पर विजय

उपनाम / शिखर का नाम : जापान सेक्रेड ट्रेझर दी प्रेसिडेंशियर मेडल ऑफ फ्रीडम, दि फ्रेंच लीजन ऑफ आनर

www.ingramcontent.com/pod-product-compliance
Lightning Source LLC
Chambersburg PA
CBHW071446090426
42737CB00011B/1793